T0304690

Printed in the United States
By Bookmasters

Printed in the United States
By Bookmasters

الممارسة المهنية

للخدمة الإجتماعية

الممارسة المهنية

للخدمة الإجتماعية

الدكتور

فيصل محمود الغرايبة

إستشاري إجتماعي

1432هـ / 2011 م

دار يافا العلمية للنشر والتوزيع

٣٦١

الغرايبة، فيصل محمود

الممارسة المهنية للخدمة الاجتماعية/ فيصل محمود الغرايبة._

عمان : دار يافا العلمية للنشر ، ٢٠١٠

( ) ص

ر.إ : ٢٠١٠/١٢/٤٦١٥

الواصفات : /الخدمات الإجتماعية// علم الإجتماع/

تم إعداد الفهرسة الأولية من قبل المكتبة الوطنية

جميع الحقوق محفوظة

جميع الحقوق محفوظة ويمنع طبع أو تصوير الكتاب أو إعادة نشره بأي وسيلة إلا

بإذن خطي من المؤلف وكل من يخالف ذلك يعرض نفسه للمساءلة القانونية

الطبعة الأولى ، ٢٠١١

دار يافا العلمية للنشر والتوزيع

الأردن – عمان – تلفاكس ٤٧٧٨٧٧٠ ٦ ٠٠٩٦٢

ص.ب ٥٢٠٦٥١ عمان ١١١٥٢ الأردن

E-mail: dar_yafa @yahoo.com

فهرس المحتويات

الفصل الثالث

التدخل المهني في الممارسة المهنية

الفصل الرابع

المهام الوظيفية للأخصائي الإجتماعي

الفصل الخامس

أمثلة لخطط التدخل المهني

توضيحات

المقدمة

منذ أن أخترت لنفسي ((الخدمة الإجتماعية)) مهنة وتخصصاً و((العمل الإجتماعي)) ميداناً لممارسة تلك المهنة وذاك التخصص منذ ١٩٦٣ وأنا دائب المحاولة ودائم الإجتهاد على زيادة معلوماتي وتنمية خبراتي وتطوير أدائي فيهما، وذلك بدافع الرغبة في هذا التخصص والحماس لهذا النوع من العمل ولكن طبيعة عملي منذ التحاقي بالوظيفة العامة (١٩٦٨) كان على مستوى الإدارة المركزية لا الميدانية وكانت تلك الطبيعة تقوم على الإشراف والمتابعة والتخطيط والتقويم للأعمال الميدانية التي تؤدى في فروع مؤسسة رعاية الشباب التي كنت أعمل فيها آنذاك (١٩٦٨- ١٩٧٨)، فلمست حاجتي الشخصية إلى الأنغماس في الممارسة الميدانية ، وعمدت إلى التغلب على ذلك ولو بشكل محدود في التردد والتجوال على مراكز الشباب في مختلف أنحاء المملكة الأردنية الهاشمية، أستمع إلى الشباب فيها وأشاهد نشاطاتهم واتلمس إحتياجاتهم وأنقل مطالبهم إلى الإدارة العليا وأسعى إلى سد تلك الإحتياجات وتلبية تلك المطالب وهكذا حتى أحسست أن خبراتي تنمو وتزداد وأن آدائي يتطور على الصعيد العملي ولم يغب على بالي في تلك الفترة تغطية الجانب النظري والفكري من خلال القراءة والكتابة، والتي شكلت لدي فيما بعد هاجساً لإستكمال دراستي العليا في هذا التخصص وهكذا كان (١٩٧٤ - ١٩٧٦)، ولكن ذلك لم يعيدني إلى الميدان العملي بل على العكس زاد من إقترابي إلى العمل الأكاديمي في تخصص الخدمة الإجتماعية والذي بدأ يأخذ أبعاده منذ حصولي على درجة الماجستير في التدريس والتدريب والدراسة الميدانية والبحوث العلمية ، أتعامل خلاله مع جمهور عريض من الدارسين للخدمة الإجتماعية أو العاملين الإجتماعيين، لأنقل إليهم خبرات

ومعلومات ولأناقش معهم تجارب ونماذج للعمل، لا بل وأشاركهم ورشات العمل نتفق فيها على آطر جديدة للعمل واسس متطورة للممارسة .

ورغم إدراكي أن التحصيل العلمي أو الإطلاع النظري لا يكفي لممارسة الخدمة الإجتماعية ولا يغني عـن صقل الخبرات وتنمية المهارات الخاصة بممارستها المهنية، إلا أن ذلك لم يعفيني ولا يجوز أن يعفي المتخصصـين مثلي في الخدمة الإجتماعية من القراءة والمتابعة لما يستجد مـن نظريات وأفكار والأطلاع عـلى مـا يسجل الإختصاصيون الإجتماعيون من أعمال مهنية مع المستفيدين من خدماتهم أفراداً أو جماعـات أو مجتمعـات ، إذ أن إنتقال الأفكار والأراء عن السابقين يفيد اللاحقين .

ولكن ما يجب أن يحذره الإختصاصيون الإجتماعيون وكما قادتني إليه التجربة، هو الإكتفاء بالمعلومات النظرية وعدم محاولة نقلها إلى أرض الواقع في الممارسة اليومية لوظائفهم، فإن ملامسة الواقع ومعايشة الناس فيه، ينمي المهارة وينعش الذاكرة ويوضح الرؤية ويكون الفكرة الصالحة للتطبيق.

بالإستفادة من التجربة وإدراكاً لأهمية الممارسة وتجنباً للإغراق في الجـزء النظري مـن مكونات ذهـن الإختصاصي الإجتماعي الذي يلج موضوع الممارسة مـن بابـه العمـلي ،فيقـدم أفكـاراً تصلح للتطبيق المبـاشر، ونماذج مفيدة للإستزادة من الخبرات الضرورية للممارسة المهنية الإجتماعية.

وعلى هذا الأساس ضم هذا الكتاب بين دفتيه وحدات دراسية لا بل حلقـات مترابطـة متواصلة متكاملـة تكون صورة معبّرة، ويومل أن تكون جلية واضحة عن طبيعة الممارسة المهنية للخدمة الإجتماعية، تحتوي مـا يفيد الدارسين والمتدربين على الخدمة الإجتماعية وما يغني

معلومات وخبرات العاملين الإجتماعيين في المؤسسات الإجتماعية والمؤسسات الصحية والتعليمية والإنتاجية التي تمارس فيها الخدمة الإجتماعية كوظيفة دائمة وموصلة للأهداف.

تبدأ تلك الحلقات بتوضيح ما هية الخدمة الإجتماعية وأهدافها وإطارها المعرفي والتقني ، لتنتقل بعدها الى نماذج الممارسة المهنية التقليدية و التجديدية والجماهيرية وإلى إنتاجية التدخل المهني، ولتبلور بعد ذلك المهام الوظيفية للإختصاصي الإجتماعي ، وتستعرض بالتالي عدداً من الخطط المهنية في التعامل مع الإدمان والمشكلات الأسرية ومشروعات تنظيم ورعاية الأسرة وإعداد الفتاة للحياة الزوجية والمرضى المشرفين على الموت كنماذج للتدخل المهني، وتختتمه ببعض التوضيحات لعمليات التدخل المهني .

آملاً أن يكون في هذا الكتاب ما يفيد الدارسين وخاصة في مساق الممارسة المهنية للخدمة الإجتماعية والمتدربين والملتحقين ببرامج التأهيل الخاصة بالمهنة في الأردن وسائر الدول العربية العزيزة.

و اللـه المستعان.

فيصل غرايبة

الفصل الأول

التكوين المهني للخدمة الاجتماعية

الكتاب الرابع

أولا: الخدمة الاجتماعية.. ماهي؟

تشكل الخدمة الاجتماعية نظاما اجتماعيا إلى جانب سائر النظم الاجتماعية في المجتمع، مثل النظام الأسرى، النظام التعليمي، النظام الطبي، النظام العقابي، النظام الترويحي، ووظيفة هذ النظام (أي نظام الخدمة الاجتماعية) لاتؤدى بمعزل عن أداء النظم الاجتماعية الأخرى لوظائفها، كما لا تمارس هذه الوظيفة الخدمة الاجتماعية في مؤسسات خاصة بها أو في نطاق محدد لممارسته، كما هو واضح في البيت كمؤسسة للأسرة، والمدرسة كمؤسسة للتعليم والمستشفى كمؤسسة للطب والسجن كمؤسسه للعقاب والردع، بل أن الخدمة الاجتماعية تمارس في تلك المؤسسات جميعها، وتؤدي وظائفها إلى جانب أداء تلك المؤسسات، لوظائف النظم الاجتماعية التي تمثلها، وتعمل على تحقيق أهدافها من خلالها، ولذلك اعتبرت الخدمة الاجتماعية نظاما اجتماعيا مساعدا للنظم الاجتماعية، ومن هنا خرجت الخدمة الاجتماعية الى المجتمع في عدة ميادين، حيث رأت الحاجة إلى بروزها، لتعين النظم الأخرى في أداء مهامها، ومن هنا تعددت ميادين الخدمة الاجتماعية، فنجدها في الميدان الطبي لتعين النظام الطبي على أداء مهامه في المستشفيات والمراكز الصحية والعيادات والحملات الصحية، ونجدها في الميدان الاقتصادي لتعين النظام الاقتصادي على أداء مهامه في المصانع والمشاغل والمزارع والأرياف، ونجدها في الميدان التعليمي لتعين النظام التعليمي على أداء مهامه في المدارس والمعاهد والكليات.. وعلى هذا قس.

وليس المقصود هنا من عبارة أن الخدمة الاجتماعية تعين النظم الاجتماعية على أداء مهامها أن تلك النظم عاجزة بحد ذاتها أو لوحدها على أن تؤدى وظائفها، أو أن الخدمة الاجتماعية نظام أقوى من الانظمة الأخرى حتى تكون مصدر عون لها جميعا، ولكن المقصود بذلك في الحقيقة هو أن الخدمة الاجتماعية تعين المستفيدين من خدمات تلك النظم على أن يتلقوا منها الخدمة

الأكثر فعاليه، بما يعين بالتالي على أن يحقق لهم أكبر فائدة من تلك النظم، ولـذلك فإن الخدمـة الاجتماعيـة تقع في مكان متوسط ووسيط بين مصدر الخدمات وبين المستفيدين من الخدمات كمتلقين. فهي بين الطالـب والمدرسة، ليكون أكثر استفادة، بمعنى أكثر تحصيلا واستيعابا و بالتالي أكثر إنتاجا وفاعليـة، وهـي بـين المـريض والمستشفى ليكون أكثر استفادة من خدماته وأكثر استجابة لتوصيات الطبيب واتباعا لتعليماته، ليحقق بالتالي نجاعة أكثر للمعالجة والمداواة في هـذا المستشـفى او في ذلـك المستوصـف، وهـي بـين الفـلاح ومركـز التنميـة الريفية ليكون أكثر تجاوباً واكثر استيعابا لخدمات المركز وأكثر مشاركة بأنشطته، بما يحقق حركة أكثر و فاعلية أكثر للعملية التنموية في القرية على يد الفلاحين أنفسهم، ومن خلال مركزالتنمية الريفيـة ذاتـه، كـما يوضـح الشكل التالي:

موقع الخدمة الاجتماعية بين مصادر الخدمات والمستفيدين منها

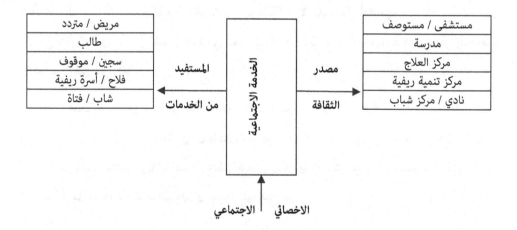

يمثل هذه الحلقة الواصلة بين مصدر الخدمة والمتلقي للخدمة ممثل الخدمة الاجتماعية والقائم بأعمالها والمؤهل مهنيا للقيام بهذا الدور الا وهو (الأخصائي الاجتماعي) أو (العامل الاجتماعي) وهو ذلك الشخص الذي تلقى تعليمًا نظريا وتدريبا عمليا على ممارسة الخدمة الاجتماعية، وأصبحت مهنة له، تشيع بخلفيتها النظرية واتقن المهارات الخاصة بها، واصبح يعرف بأنه المؤهل مهنيًا لممارستها من خلال ما تلقاه في المدارس والمعاهد والكليات الخاصة بها، وعلى أي درجة من الدرجات العلمبة اوالمستويات التأهيلية، فهو بذلك بحاجة الى بناء خلفيه نظرية، تعينه على معرفة الناس ومعرفة الطبيعه الانسانيه ومعرفة المواقف الاجتماعية، التي يتطلب منه عمله ان ينعامل معها ويجد الحلول اللازمة لمواجهتها، ويحقق لاصحابها القدرة على وضع الحلول والشروع في تنفيذها، للقضاء على اية ازمات او معوقات تحول بينهم وبين اشباع حاجاتهم ويحقق تقدمهم ونجاحهم على النحو السليم، وهو أيضا بحاجة لتنمية مهارة معينه لديه تفيده في التعامل مع المواقف والطبائع البشرية، وكذلك المشكلات والحالات التي تحتاج الى حلول ومواجهة من نوع معين وفي بعد معين.

أنه بطبيعة الحال لا يعني ذلك أن تعامله الأخصائي الإجتماعي سوف يقتصر على المستوى الفردي وان يحدد نفسه في التعامل مع الناس بالنطاق الفردي وحده، لا بل أن تطور ممارسات الخدمة الإجتماعية أثبتت قصور هذا التعامل وعمقه في كثير من الحالات، وأن النطاق وان أمتد وأتسع وزاد شمولية وعمقا ، صار أكثر نفعا وفعالية، واصبح أكثر انماء ووقاية من التوجه نحو علاج الحالات الطارئة بصورة سطحية، بمعنى أن أفضل الحلول هو ما أصاب أكبر عدد من سكان المجتمع، وأن أشمل الأعمال في نطاق الخدمة الإجتماعية هو ما مورس على النطاق المجتمعي لأن هذا العمل على النطاق المجتمعي هو الكفيل بأن يحقق فهماً واسعاً لكل ما يتصل بالإنسان .. حتى ولو كان فرداً واحدا بعينه، حيث أن الواقع قد كشف على أن الإنسان لا تنقطع

قضاياه وشؤونه وحتى مشاكله عند حدود نفسه، ولا تنبع أصلا من ذاته وتقتصر عليها، بـل أن إمتـداها هـو الحقيقي وإتصالها هو الأساس ، اذ أن الكائن البشري بسعادته وشقائه وبتكيفه وإضطرابه وبنجاحه وفشله، لا يرتد أسبابها ونتائجها إلى ذاته وحدها وإلى نفسه بحدودها، فإن طبيعة البشرية لا تمّل ولا تزيـد عـن حقيقـة أنه كائن بشري داخل بيئة إنسانية يشبع فيها ومنها حاجاته ويحقـق فيهـا طموحاتـه وأهدافـه – علـى النحـو الوارد في الشكل التالي:

طبيعة وجود الإنسان داخل دوائر الحياة الإنسانية

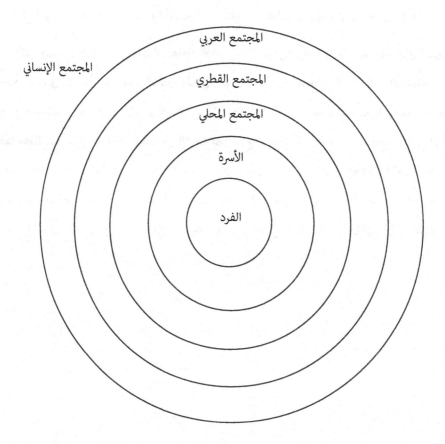

<u>ثانيا : تعليم الخدمة الإجتماعية وإعداد الأخصائي الإجتماعي</u>

<u>١- أهداف المهنة</u>

يمكن القول أن الهدف الرئيسي للخدمة الاجتماعية هو تعزيز انسانية الناس، وتأكيـد العدالـة الاجتماعيـة وتكافؤ الفرص للمواطنين، لتنمو قـدراتهم وليصبحوا قـادرين علـى المشـاركة في التطـوير المجتمعـي وإحـداث التغيير الاجتماعي المرغوب، ولتحقيق هذه الاهداف جعلت الخدمة الاجتماعية لنفسها مهام تشـكل العناصـر الاساسية لقوتها في بلوغ أهدافها، تلك المهام ترتبط بالعمل مع الجماعات المستحدثة من أجل ما يلي:

١- القيام بالوظائف الاجتماعية لاشباع الاحتياجات الانسانية على نحو سليم.

٢- تعزيز دور الرعاية الاجتماعية لتحقيق الرفاه الاجتماعي.

٣- اتاحة الفرصة لمشاركة المجتمعات المحلية في حل المشكلات

٤- تامين ايصال الخدمات العامة للمواطنين

٥- احداث التغيير في البناء المؤسسي وازالة العوائق من امامه لتحقيق المؤسسـات الاجتماعيـة اهـدافها وتقـوم بادوارها.

٦- حماية الفعل التنموي من المعوقات والانحرافات.

وعندما يدرك معظم الناس الحاجة للخدمة الاجتماعية تصبح هـذه المهام في مجملها المسؤوليات الرئيسـية للمهنة.

٢- اهداف تعليم المهنة:

اننا كمدرسين للخدمة الاجتماعية او كمدربين عليها، نتصور دائما ان المهام يجب ان تتطور وأن تتغير معها الايضاحات والتفسيرات المصاحبه للعملية التعليم والتدريب، واننا نتوقع ايضا من خلال هذا التصورللتطويرالمهني، ان الأخصائي الاجتماعي يمكن ان يلعب دور العامل الحافز للتنمية، وتعديل السياسات والخدمات والابنية المؤسسية وتثقيف الناس لادراك قدرتهم الموجودة فيهم للعمل ومن اجل تحديد السياسات والابنية المؤسسية والاجتماعية التي تنكشف لهم، او التي لم تصمم لانجاز الاهداف الاجتماعية للجميع، ومساعدة المجتمع المحلي لبناء موارده الذاتية من خلال عمل المجتمع لخدمة اهتمامات كل جماعاته، وتأكيده المبدئي على معالجته لنقاط ضعفه.

ولهذا فإن على الأخصائي الاجتماعي ان يعمل كممكن، وكمرشد، وكمعلم وكمحام، وكوسيط، وكمناقش وفي بعض الاحيان كمقاوم للتيارات السلبية، المناهضة للتغيير الاجتماعي المنشود في المجتمع المحلي، وخاصة عندما يعمل مع بعض الفئات الخاصة كالمراهقين والاحداث، ابناءالاحياء المتخلفة، أبناء القرى المحرومة والنائبة، المعوقين، المسنين، المنحرفين، والمرضى، اذ أن الخدمة الاجتماعية بطبيعتها لا تستطيع أن تنكر الواجبات العلاجية والتأهيلية لهؤلاء المعطلين وظيفيا، فتلك الواجبات يجب أن تستمر، وتدرك من المجتمع كمسؤوليات خاصة بمهنة الخدمة الاجتماعية، اذ أن التقليل من اهميه هذا الدور او اهماله سوف يكون له انعكاسات قاسية على الاشخاص الذين يواجهون مشكلات مختلفة في مجتمعنا كالمحرومين والمعوقين.

إن ما يتصور أن نصل اليه هو اعادة ترتيب اولوياتنا، وهكذا المشكلات الاساسية المؤثرة على الجزء الاعظم من الناس، ولهذا بينما يجب أن تكون واجباتنا، الاساسية تنموية ويجب أن تمتد

بانجاز الواجبات العلاجية، لاننا يجب ان نتحرك في ضوء الاحتياجات الانسانية، وفي الحدود الثقافية والاجتماعية والتنظيمية للمجتمع الذي تعمل فيه وعلى أساس مطالبه وطموحاته، انظر الشكل التالي:

حركة الأخصائي الاجتماعي في مواجهة الاحتياجات الانسانية

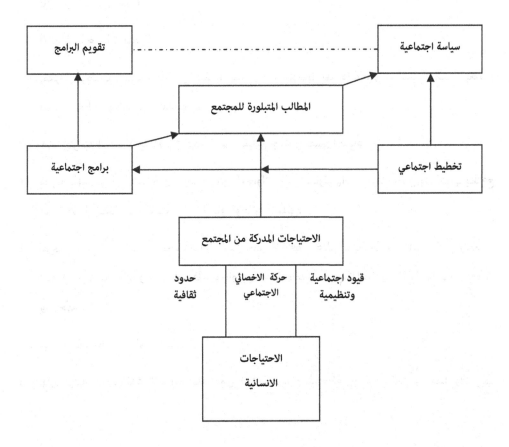

٣- تدريس اهداف الخدمة الاجتماعية:

هناك قاعدة عامة تنطلق منها اهداف التعليم والاعداد المهني للخدمة الاجتماعية، تتألف من ثلاثة اركان هي:

١- المعرفة ٢ – المهارة ٣- الاتجاهات.

نأتي على تفصيلها فيما يلي:

أ) تتألف مخرجات المعرفة من:.

١ - معرفة بتوظيف خصائص الناس والنظم الاجتماعيه والعلاقات المتبادلة بينها والسلوك الذي يحكم تطورأو تعطل الوظيفة الاجتماعية للفرد والمجتمع.

٢ - معرفة بمراقبه الذات بما يساهم في فهم الناس بمقياس جسمي نفسي اجتماعي.

٣ - معرفة بالمشاعر التي تختلج في نفوس الناس والمحاولات التي يحاولونها والتصرفات التي يتصرفونها بدافع من تلكم المشاعر سواء كانت باتجاه ايجابي او باتجاه سلبي.

٤ - معرفة بالمجال والحدود التي يجب مراعاتها من اجل المحافظه على العلاقات مع المستفيدين وجميع المتصلين بهم من اسرة وزملاء واصدقاء ومجاورين، او المتعاملين معهم كالمعلمين والاطباء وارباب العمل والموجهين.

ب) تتالف مخرجات المهارة من:

١ - مهارة مهنية لتحديد المشكلات الاجتماعيه من خلال استخدام الملاحظة وجمع الحقائق والتحليل والتقييم.

٢ - مهارة الاختبار واعتماد الاولويات للتخطيط ولوضع الاهداف المناسبة والمنطقية والاختيار من بين الاستراتيجيات البديله للوصول إلى تلك الاهداف.

٣ - مهارة في استخدام حالات التدخل للخدمة الاجتماعية من خلال معرفة المبادىء واساليب العمل مع الافراد والعائلات والجماعات والمجتمعات وللتاثير بآلتغييرات في الانظمة الاجتماعية والطرق المؤسسية عندما تؤثر تلك الانظمه سلبيا على المستفيدين.

٤ - مهارة في استخدام المعرفة لاقامة واستخدام العلاقات للاستجابة للمستفيدين ولمتطلبات النظم الاجتماعية في اطار العمل من اجل حل المشكلات.

٥ - قدرة على التقديرالمناسب للقرارات اوالاجراءات التي يجب ان تتخذها المؤسسة الاجتماعية ووظائفها بما يطور خدماتها تجاه المستفيدين وعن دور الأخصائي الاجتماعي كممثل للمؤسسة.

٦ - مقدرة على تغيير النظم اكثر من تعديلها او صيانتها.

٧ - قابلية للقيادة والمبادرة والمرونة والاطلاع والابداع، لتقود إلى التجربة والابتداع في التطبيق المهني، وبالاسلوب العلمي التحليلي المهني لحل المشكلة.

جـ) تتألف مخرجات الإتجاهات من :

١ - قيم مهنية واخلاقية تحكم النشاط المهني.

٢ - وعي بالذات والاستجابة للأخرين بالعلاقة مع المحتوى الاجتماعي والعاطفي لتنشئة الفرد.

٣ - وعي اجتماعي واستجابة للحالة الانسانية في مختلف الظروف

٤- الاهداف التعليميه للمهنة:

أن تلك القاعدة الثلاثية الاركان تنقلنا الى الاهداف التي يسعى تدريس الخدمة الاجتماعيه تحقيقها مع ذات المتدربين، تلك الاهداف التي تتلخص بمايلي:

أ- تكوين المعرفة والتي تشتمل على مايلي:

- معرفة بالخصوصات والمفاهيم، وبالطرق والوسائل للتعامل مع هذه الخصوصيات من حيث التنظيم والدراسة والحكم والمراجعة التي هي وسائل هامة للأخصائي الاجتماعي في تقدير الحالات الاجتماعية .

- معرفة التقاليد المهنيه التي تحكم الطرق الاخلاقية للتعامل مع الناس.

- معرفة الاتجاهات والنتائج.

- معرفة بالتصنيف إلى فئات وشرائح اجتماعيه.

- معرفة بالمعايير التي شستخدم بالتجريب والحكم على الحقائق والمبادىء والاراء.

- معرفة بمنهجية استقصاء المشاكل والظواهر وتقييم المفاهيم .

- معرفة بالمنظور العالمي للميدان الذي يعمل به الأخصائي الاجتماعي، وخاصة النظريات والتجارب في دراسة الظواهر او حل المشكلات.

- معرفة بالمبادىء والعموميات التي تستخدم في التفسير والتنبوء واعتماد الحلول المناسبه.

- معرفة بالقابليات العقليه والمهارات والقدرات والفروق الفردية.

ب- الاستيعاب:

والذي يتمثل بذلك النوع من الفهم والادراك لما يمكن للأخصائي الاجتماعي أن يستخدمه من مواد وافكار للاتصال المباشر بالمتعاملين معه، وما يمده بالمقدرة على تكوين وجهة نظر ونقلها الى المتصلين بالموضوع مدار البحث، وكذلك القدرة على استحضار الافكار العامة والمناهج المتداولة والمبادىء المهنيه والخلفية النظرية التي تفيد في ملاحظة الظاهرة ومناقشتها وتناولها بالتحليل والمعالجة في الاطار المهني للخدمة الاجتماعية.

جـ - التحليل

بمعنى تفصيل محتوى الاتصال بين الأخصائي الاجتماعي والمجتمع (أفراد وجماعات) الى العناصر المكونة لها، اذا ان هذا التفصيل (او التحليل الى العناصر) يجعل الحالة اكثر وضوحا بحيث. يسهل معرفة اسباب الظواهر او المشاكل ونتائجها، تمهيدا لوضع الحلول وتناول الظواهر بالدرس والمعالجة، ويحتوي التحليل كذلك على التأكد من مكونات الفروض مع المعلومات المعطاة والافتراضات أو المهارة في استيعاب العلاقات الداخلة بالموقف مدار البحث.

د - التأليف والانتاج:

أي الربط بين الاجزاء والعناصر والترتيبات والاجراءات لإنتاج نموذج أو بناء لمستقبل الحالة بشكل لم يكن واضحا من قبل، ووضع خطة للعمل الاجتماعي لمواجهة المستقبل (مثل تنظيم الناس للمطالبة بحقوقهم)، وتتضمن عملية التأليف وضع فروض مناسبة في ضوء اعتبارات جديدة، (مثل كيف يكون رد فعل الناس للتغيير الاجتماعي؟ وكيف نخلق اتجاهات جديدة في المجتمع؟ كيف نواجه المقاومة التقليدية للتطوير؟ ما هي ردة فعل الناس في حالات الصدمة والازمة؟).

<u>هـ - التقييم:</u>

أي المقدرة لعمل احكام كمية ونوعيه للقيم الاجتماعية وتحديد النطاق الذي تشبعه مناهج تعليم الخدمة الاجتماعية، وهو يحسم التوجهات الواجب الاخذ بها في عملية أعداد الأخصائيين الاجتماعيين بالاستفادة مـن تجربة ممارستهم الوظيفية في المجتمع بصورة عملية جيلا بعد جيل.

الفصل الثاني

نماذج الممارسة للخدمة الاجتماعية

مدخـل

إعتادت الخدمة الإجتماعية التقليدية تناول علاج المشكلات ضمن وحدات إنسانية أساسية هي:

- الفرد ، الجماعة ، المجتمع.

وبناءً على ذلك ظهرت ثلاثة طرق للخدمة الاجتماعية:

خدمة الفرد ، خدمة الجماعة ، تنظيم المجتمع.

وللتعامل مع الوحدات الثلاث هنالك خمسة أنماط من الممارسات هي :

١. الممارسة التقليدية.

٢. الممارسة العامة.

٣. الممارسة الخاصة: الأخصائي الاجتماعي مثل الطبيب أو المحامي أو المهندس... يفتح له مكتب ويرتقي ويساوي نفسه بالمحامي أو المهندس أو الطبيب الذي يفتح مكتب استشارة.

٤. الممارسة التجديدية .

٥. الممارسة الجماهيرية : إذ ليست للخدمة معنى إلا إذا خدمت الجماعة.

مفهوم الممارسة المهنية:

إن الأخصائي الاجتماعي يمارس مهنة . ممارسة مهنة = أداء مهني. سوف نرى نماذج من الأداء المهني، وأن هناك من يمارسها ويسمى (ممارس مهني) – وهو الأخصائي الاجتماعي الذي يطبق الممارسة المهنية.

تتألف الممارسة المهنية من العناصر التالية:

١. المهارة المهنية : فالأخصائي والممارس المهني لا بد أن يتميز بمهارات معينة مهنية تميزه عـن غـيره وليسـت موجودة عند الإنسان العادي. (مثل المهارة في الملاحظة .. التدخل المهني...)

٢. السلوك المهني: كيف يتكون – عـن طريـق تطبيـق الأخصائي الإجتماعي للمهـارات التـي تتحـول إلى سلوكيات وتصرفات أساسها المهارة المهنية (مهارة + مهارة + مهارة = سلوك مهني).

كيف يمكن أن نميّز بين الإنسان العادي : لديه مهارات اجتماعية ومهنيـة. و الأخصائي الاجتماعـي : لديه مهارات اجتماعية ومهنية.

٣. الدور المهني : عبارة عن مجموعة من السلوكيات المهنية المترابطة التي يقوم بها الأخصائي الاجتماعـي . وإذا تجمعت الأدوار تسمى الأنشطة المهنية

(سلوك + سلوك+ سلوك= دور مهني) ، (دور + دور + دور = أنشطة مهنية)

٤. الأنشطة المهنية : مجموعة من الأدوار التي يقوم بها الأخصائي الاجتماعي.

٥. الممارسة المهنية: يوضحها الشكل التالي:

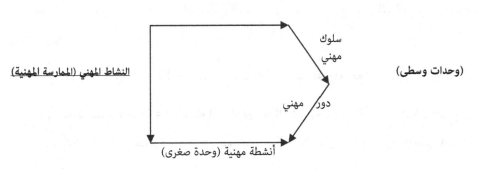

حيث أن :

الوحدة الصغرى من وحدات الممارسة المهنية هي المهارة المهنية

الوحدة الكبرى من وحدات الممارسة المهنية هي الأنشطة المهنية.

الوحدة الوسطى من وحدات الممارسة المهنية هي السلوك المهني أو الدور المهني.

* ما أسباب ظهور النماذج المتعددة للممارسة المهنية؟

ظهرت النماذج المتعددة للمارسة المهنية بسبب القصور في الممارسة، بعض هذه العوامل معروف وبعضها غير معروف: وهي تتكون على النحو التالي :

١ - تزايد المشكلات وظهور نوعية جديدة وسلبية من المشكلات لم تكن موجودة سابقاً:

وهذا مؤشرالفشل في أسلوب الممارسة المهنية بالأسلوب التقليدي، بمعنى أنها لم تقم بدورها الوقائي. بمعنى عند فشل نموذج الحل للممارسة المهنية، فلابد من البحث عن

البدائل. وإدراك فشل الخدمة الإجتماعية التقليدية في حل المشكلات التي تواجه الأفراد والجماعات والمجتمعات، على الرغم من أن ممارسة الخدمة في الوطن العربي من بداية الأربعين إلى الآن إلا أن المشكلات في تزايد وتراكم.

٢ - الصراع المعرفي بين طرق الخدمة الإجتماعية: الثلاث (الفرد/ الجماعة/ المجتمع)

إن هذا السبب لم يتحدث عنه العلماء أو الباحثين بشكل كبير وموسّع. فكل باحث في كل طريقة من طرق الخدمة الثلاثة يحاول الإرتقاء بطريقته ،حتى لو كان ذلك على حساب الطرق الأخرى. فحدث بين الطرق نوع من (التفاوت المعرفي)، (مثال: تنظيم المجتمع ـ ينطلق ببطء، في حين خدمة الفرد ـ تنطلق بسرعة ، وخدمة الفرد علم حديث ، وتنظيم المجتمع: علم قديم). مما جعل هناك هوة بين الطرق. وبناءاً على هذين السببين السابقين ـ أدى ذلك إلى ظهور الممارسة العامة وإلغاء الممارسة الخاصة.

٣ - الخدمة الإجتماعية بدأت تتأثر بالعلوم الأخرى والعلوم الأخرى بدأت تتبع نماذج مختلفة من الممارسة.

فالممارسة الطبية مثلاً نماذج متعددة في تخصص واحد (الطب البديل/ الشعبي/ الصيني/ بالعقاقير/ بالجراحة..). فالعلماء في الخدمة الإجتماعية بدأو بالبحث عن بديل في النماذج الأخرى.

٤- اكتشف العلماء أن الطرق الثلاث ما هي إلا طرق لايمكن تطبيقها بهذا الشكل لأنه لا يمكن فصل الوحدات الإنسانية (الفرد/ الجماعة/ المجتمع) عن بعضها: فلا يمكن أن تكون الدراسة المتأنية ذات الجدوى في منأى عن الدراسات الأخرى للوحدات الإنسانية الأخرى، فلا يمكن دراسة الفرد بمفرده أو كوحدة، ولايمكن دراسة الجماعة بمفردها، ولا

المجتمع بمفرده، فلا يمكن الفصل بينهما. فالبديل هو لماذا لا نتعامل معهما بنظرة كلية واحدة تكاملية ومترابطة مع بعضها البعض، إذ لايمكن الفصل بينها لأنها تؤثر وتتأثر ببعضها البعض، لذلك ظهرت بدائل متعددة.

٢ - استقراء الواقع الميداني للممارسة المهنية

أهميته:

ترجع أهمية هذا الاستقراء إلى الأمرين التاليين:

١. الكشف عن الممارسة الواقعية ، الممارسة المثالية ، اكتشاف الفجوات.

٢. الاستقراء لمواجهة الفجوات المستقبلية.

أنواع الإستقراء:

تتنوع أنماط الإستقراء على النحو التالي

(١) الإستقراء بالزيارة الميدانية.

(٢) الإستقراء بالملاحظة المستمرة.

(٣) الإستقراء البحثي. ـ (دراسة الحالة في المؤسسة). يتم استخدام مقاييس أو معايير أو استمارة يتم تطبيقه على عينة معينة أو حصر شامل أو بحث تقسيمي.

(٤) الإستقراء بتحليل المضمون: الطلب من الأخصائيين في المؤسسة الاطلاع على السجلات والبدء بتحليلها. ويمكن تقنينها عن طريق تحليل السجلات على فترات زمنية متباعدة، فهي تكشف الأخطاء التي يحدثها الأخصائي الإجتماعي.

معايير تقييم أو استقراء الواقع:

منظومة الإستقراء:

(١)   طبيعة الأخصائي الإجتماعي أو الباحث الإجتماعي:

ـ مدى تأهيل الأخصائي الإجتماعي للعمل في المؤسسة.

ـ خبرة الأخصائي الإجتماعي.

ـ مدى اقتناع الأخصائي الإجتماعي بعمله المهني.

ـ الإعداد المهني.

(٢) علاقة الأخصائي بفريق العمل، من خلال مسارين:

* فريق العمل المهني ـ زملائه من الأخصائيين (أكثر من أخصائي) ـ علاقة تكاملية وتعاونية.

* فريق العمل الإداري ـ يتعامل الأخصائي الإجتماعي مع المدير والمدرسين ـ (علاقة تنافسية) كل واحـد يريد احتلال مكان الآخر تنافس على الأدوار.

النموذج الأول: الممارسة العامة للخدمة الإجتماعية

ما هو النموذج المناسب مابين هذه النماذج ؟ هناك أكثر من نموذج للممارسة.

هل نكتفي بالأسلوب التقليدي، أم اننا نحتاج إلى نماذج أخرى متطورة ، والعمل على خلط النماذج؟

الممارسة العامة: هـذا النمـوذج لايعـترف بوجـود طـرق مهنيـة (خدمـة الفـرد/ خدمـة الجماعـة/ تنظـيم المجتمع) ويستعيض عنها بـ (الوحدات الإنسانية) وهي: تبدو عنـدما يعمـل الأخصائي الإجتماعـي يعمـل مـع الوحدات الإنسانية:

(١)   الوحدة الصغرى (الميكرو Micro): يتعامل معها الفرد الواحد (العميل الواحد الفرد).

(٢)   الوحدة الوسطى (الميزو mezo): يتعامل مع (الأسرة) و(الجماعات الصغرى).

(٣)   الوحدة الكبرى (الماكرو Macro): يتعامل مع الوحدات الكبرى: (المؤسسات) أو (المـنظمات) أو (المجتمع المحلي).

فالأخصائي يعمل عملاً متكاملاً لايغفل فيها عن وحدة من الوحدات، فهو يتعامل مـع الوحدات جميعهـا دون فصل.

* وهذا ما يعالج الثغرة في النماذج الأخرى،(مثال: يعالج الثغرة في الممارسة التقليدية التـي تقـوم عـلى الفصل بين طرق الخدمة الإجتماعية) فهو يركز على الوحدة أكثر من المشكلة.

* أهم المسلمات التي يقوم عليها نموذج الممارسة العامة:

(١) لا يتعامل مع الطرق بل مع الوحدات الإنسانية.

(٢) التفاعل بين الوحدات الثلاث: وهذا يحقق العدالة، فلا ينحاز للفـرد أو الجماعـة أو المجتمـع، فهو يهدف إلى تحقيق العدالة بين الوحدات.

(٣) يركز على الحاجات والمشكلات وطرق إشباع الحاجات وحل المشكلات: فهو نموذج عمـلي بـرجماتي قادر على حل المشكلات وإشباع الحاجات.

كيف يستخدم الأخصائي نموذج الممارسة العامة ويطبقه؟

(١) من مميزاته أنه مرن يعطي الأخصائي الإجتماعي مساحة واسعة وحرية من الإنطلاق الفكري والحرية المهنية والإبداعية: يعطي الأخصائي الإجتماعي القاعدة العامة ويجعل الأخصائي الإجتماعي يفكر ويعمل بنفسه. بحيث أن كل أخصائي يطبق النموذج بحرية مهنية.

(٢) هذا النموذج لا يعتمد على نموذج واحد (نظرية واحدة)، ولكنه يقتطف ويأخذ بعض من أصناف النظرية فمثلاً النظريات التالية يختار الأخصائي من كل نظرية بعض النقاط أو الأصناف، وذلك تبعاً لكل أخصائي الإجتماعي، فإختيار كل أخصائي الإجتماعي يختلف عن الآخر:

النظرية السلوكية	النظرية المعرفية	الاتصال	الوظيفية
التعزيز	اكساب المعلومات	الاتصال بين الزوجين	تقوية الإرادة
التدعيم	تعديل المعلومات	الاتصال مع المؤسسات	تدعيم الإرادة
النمذجة	تنمية المعلومات	الاتصال مع المجتمع المحلي	تشجيع الإرادة
القدرة	تغيير المعلومات	الاتصال مع الجيرة	إزالة معوقات الإرادة
المنع		الاتصال بالعمل	
		الاتصال بالمؤسسة التربوية	
		الاتصال بالمراكز الطبية أو النفسية	

(٣) ثم يبدأ الأخصائي الإجتماعي وضع (خريطة العمل أو التدخل المهني)والإختيار.

* هذا النموذج يلتزم أو يرتبط ببعض المفاهيم الأساسية، منها ما يلي :

(١) مفهوم المدخلات: فالأخصائي الإجتماعي عند التعامل مع أي وحدة يراعي أن كـل مشكلة تحتـاج مدخلات معينة(مثل: فريق عمل ـ موارد مالية ـ برامج ـ خامـات ـ الكـوادر القياديـة" الشـعبية أو الأشخاص المؤثرين في القرار. القيادات غير الرسمية "Key persons المناقشات ـ الإجتماعات) فعند استخدام الأساليب تطبق من خلال المدخلات.

(٢) طرق التشغيل (العمليات التشغيلية): بتطبيق الأساليب من كل نظرية مع مراعاة القيام بعمليات، مثل : تكوين علاقات ـ إتصال ـ إتخاذ قرار ـ تفـويض ـ حـل مشكلة مرتبطـة بالمشكلة التـي نـود حلهـا، فبعض المشـكلات تكـون مترابطـة. هـي تطبيـق الأسـاليب وتنفيذهـا يحتـاج إلى عمليـات تشغيلية.

(٣) المخرجات: (نتيجة التطبيق): النتائج أو العائد:

ـ تقويم العائد. سر النجاح : أن تكون الكلفة أقل من المدخلات:

المدخلات > المخرجات ← يعني الفشل. (فشل في التطبيق)

المدخلات> المخرجات ← يعني النجاح.

المدخلات= المخرجات ← يعني أن الأمر يحتاج إلى تقويم.

(٤) التغذية العكسية: مثل التقويم لكن تقسم إلى ذاتها في نقطة واحدة.

* الإنتقادات الموجهة إلى هذا النمط من الممارسة :

(١) صعوبة تطبيقها لأنها تؤدي إلى إجهاد الأخصائي الإجتماعي (الإعياء المهني ـ الإحتراف المهني + ضعف الحوافز) : حيث تجهده الممارسة المهنية بشكل كبير، حيث يهتم بالفرد والجماعة والمجتمع ، بسبب عدم التخصص في وحدة واحدة، فيتعب ويؤدي إلى الإحتراق المهني، فيكره المهنة، ولا يستطيع إنتاج شيء في المهنة أو مساعدة حالة من الحالات، مع عدم وجود حوافز للعمل والرواتب متدنية، كل ذلك لايؤدي إلى ضعف الإنتاج ، ويؤدي ذلك إلى الإنهيار المهني للأخصائي الإجتماعي.

(٢) الأهداف المهنية:

يهدف هذا النمط من الممارسة إلى ما يلي :

ـ أهداف واقعية ملموسة، تتحقق في الميدان.

ـ أهداف موصوفة وهي أهداف مثالية.

إذا اقتربت الأهداف من النوعين فإن الأخصائي الإجتماعي يعتبر ناجحاً. مقارنة بين الأهداف الموجودة مع المرجع ـ طريقة المرجع (الذهاب إلى المؤسسات والسؤال عن دور الأخصائي الإجتماعي) ـ طريقة اللائحة.

(٣) البرامج التي تمارس في المؤسسة: وهي تمتاز بما يلي

أ ـ تعدد البرامج.

ب ـ توقيت تعددها

ج ـ تكرار البرامج.

د ـ استحداث برامج جديدة.

هـ ـ من الذي يضع البرامج.

وـ هل توضع البرامج بديمقراطية أم ديكتاتورية.

* إن البرنامج يوضع من قبل المهتمين أما الأخصائي الإجتماعي فهو يوجه، فقط .

(٤) الطرق المهنية:

ـ يفضل العمل مع الطرق الفردية أكثر من الجماعية.

ـ على الأخصائي الإجتماعي أن يمارس الطرق الثلاثة بنسب مختلفة على مدار العام.

ـ ماهي المواقف التي استدعت قيام الأخصائي الإجتماعي استخدام طريقة أكثر من غيرها.

(٥) دور الأخصائي الإجتماعي ـ الدور المهني:

ـ هي التنفيذ الفعلي للأهداف، خطوات تنفيذية لتحقيق الأهداف.

ـ الدور يتضمن مدى تحقيق الأخصائي الإجتماعي مبادىء وأخلاقيات الخدمة.

ـ الأدوار وسيلة لتحقيق الهدف.

(٦) المشكلات المهنية وغير المهنية (مشكلات المؤسسة):

تتمثل تلك المشكلات فيما يلي

ـ الإجهاد المهني (تعب الأخصائي الإجتماعي لدرجة عدم استعداده لبذل أي نشاط).

ـ الصراعات بين الأخصائي الإجتماعي والإدارة.

ـ الصراع بين الأخصائي الإجتماعي والعملاء.

(٧) نوعية التسجيل:

ـ كيف يسجل وماهي الطرق المتبعة في التسجيل.

ـ هناك البعض لا يسجلون، والبعض الآخر يكرر مايسجل من قبل.

ـ إذا أردت أن تقيس أخصائي الإجتماعي فقسه في ضوء سجله.

(٨) التقويم:

ـ هل يقوّم الأخصائي الإجتماعي.

ـ لا قيمة للتسجيل إذا لم يتبعه تقويم.

ـ يقوّم الأخصائي الإجتماعي من خلال تقاريره التي يكتبها .

المهارسة المهنية مع فريق العمل:

يعمل الأخصائي الإجتماعي مع فريق العمل في كل مؤسسة، وهناك مواقف معينة تقتضي ـ من الأخصائي الإجتماعي التعامل مع فريق العمل، لكنه في الحالة العادية يعمل بمفرده.هذا الفريق مثلاً.

في المستشفى: الطبيب النفسي، مدير المستشفى، الممرضات، المعالج الطبيعي، فريق عمل يتعامل معه الأخصائي الإجتماعي. وهذا الفريق يختلف من مؤسسة لأخرى.

العوامل التي تساعد على نجاح فريق العمل: التي يجب أن يضعها الأخصائي في الإعتبار لنجاح فريق العمل الذي يتعامل معه.

* الفرق بين (الفريق Team) و(الجماعة Group):

معايير الفرق	الفريق	الجماعة
١. من حيث الهدف	يتكون الهدف قبل تكوين الفريق نفسه حيث يكون واضحاً. الهدف: هو إنجاز مهمة معينة.	يتكون الهدف بعد تكوين الجماعة. *إشباع حاجة من حاجات الأعضاء .

٢. تؤدي إلى إبطال أو إلغاء فكرة (التفضيل المهني) أو الميل المهني:

حيث أنه قد يفضل الأخصائي الإجتماعي طريقة واحدة مثل (طريقة خدمة الجماعة)، وبذلك تنقض هذه الممارسة هذه الفكرة، فتجعل الأخصائي يدرس كل الطرق دون تفضيل. فالأخصائي ملزم بالتعاون مع جميع الوحدات بعيداً عن الميل المهني.

٣. ضيق فترة تجريب النموذج: أنه في المرحلة الأولى من الإختيار لم يتم تجريبه إلى الآن لفترة طويلة، ويلاحظ أنه لو تم تجريبه فقد يفيد مع بعض الثقافات، وقد لايفيد مع ثقافات أخرى ويحتاج لفترة طويلة للحكم فيه، وفي المجتمعات العربية تم تجريبه بطرق وضعية ولم يجرب عملياً.

٤. هناك رفض شامل لهذا النموذج من المؤسسات الإجتماعية، التي تمارس فيها الممارسة التقليدية (خدمة فرد/ جماعة/ مجتمع)، فالأخصائيون الإجتماعيون الموجودون في المؤسسة قد تعودوا على الممارسة التقليدية، فلا يمكن تطبيق النموذج الجديد: لأن ذلك يحتاج إلى إعادة تأهيل الأخصائي الإجتماعي للممارسة الجديدة وهذا يحتاج إلى برامج

وتدريب... مما يؤدي إلى زيادة المشاكل مما يعرضها إلى الخطر والإفلاس. والعملاء سوف يبتعدون عن المؤسسة إذا لم يجدوا الأخصائيين الإجتماعيين المؤهلين في المؤسسات.

أما أسباب رفض هذا النموذج فتعود إلى ما يلي :

١. تكلفة إعداد الأخصائي وإعادة تأهيله.

٢. إيقاف العمل بالمؤسسة لفترة تدريب الأخصائي الإجتماعي.

٣. إعادة تصميم نماذج التسجيل والتقويم التي تطبقها المؤسسة.أن المؤسسات الاجتماعية معتادة على نظام معين من التسجيل والتقويم، ويتطلب ذلك إعادة تصميم.

ثانياً: أوجه التشابه والإختلاف بين النموذج العام والنموذج التقليدي:

(١)   أوجه التشابه:

تتجلى أوجه التشابه بين النموذجين فيما يلي :

(١)   أن الممارسة العامة والتقليدية تهتم بمساعدة الإنسان بجميع أشكاله فيساعد الإنسان على حل مشكلاته كفرد وكعضو في جماعة وكعضو في المجتمع.

(٢) الاشتراك في القيم والمبادىء وفلسفة الخدمة الاجتماعية (ويقصد بها الفلسفة النظرية)، وقد يكونوا مختلفين في الأساليب، لكن الهدف واحد والقيم واحدة والمبادىء واحدة والفلسفة واحدة.

(٢) أوجه الإختلاف:

معايير الفرق	الممارسة التقليدية	الممارسة العامة
١. وحدة العمل (وحدة التعامل)	طريقة خدمة الفرد .. تتعامل مع الأفراد. طريقة خدمة الجماعة.. تتعامل مع الجماعات. طريقة تنظيم المجتمع.. تتعامل مع المجتمع المحلي	تتعامل مع الوحدات الإنسانية الثلاث: * الميكرو ـ الصغرى * الميزو ـ الوسطى * الماكرو ـ الكبرى
٢. نظرية الممارسة	الطرق المهنية تعتمد على مايسمى (النظرية الكاملة)(مثل طريقة خدمة الفرد ـ تعتمد على نظرية سيوسولوجية الذات والتحليل النفسي، وكل الطرق تعتمد على النظرية الكاملة)وكل طريقة تعتمد عليها بشكل كلي بكل محاسنها ومساوئها.	تعتمد على مقتطفات من النظريات. قد تختار أساليبها من أجزاء من النظريات دون الإعتماد على نظرية واحدة. فهي تختار وتنتقي محاسنها.

معايير الفرق	الممارسة التقليدية	الممارسة العامة
٣. التدخل المهني	موصوف في الكتب، فمعروف ومعلوم للأخصائي الإجتماعي ماذا يعمل، وملزم على التدخل بالأسلوب الذي تعلمه بما هو موجود في الكتب (الأسلوب المعياري). مثال: خدمة الفرد تقوم على (دراسة، تشخيص، علاج)فالأخصائي الإجتماعي ملزم على تطبيق كل هذه الأساليب الثلاث.	الأخصائي الإجتماعي مخّير في إختيار أسلوب العمل، فهو الذي يصممه ويبنيه من خلال إختيار الأسلوب الذي يناسبه من النظريات أو أساليبها المختلفة.
٤. الحرية المهنية	يعطي حرية عمل ضيقة (ضيق الحرية المهنية) قدر بسيط من الحرية، فلا يستطيع الخروج عن الأسلوب المحدد. ويقبل أقل الأساليب في الإبداع.	يعطي مساحة كبيرة من الحرية المهنية للإبداع أو الإختيار أو الانتقاء.

٥. فلسفة العمل المهني، الفلسفة التي يتبناها (فلسفة الممارسة) أي الفلسفة الأخلاقية.	الفصل بين الوحدات الإنسانية، منفصلة عن بعضها.	موحد ـ الصيغة الموحدة ـ التكامل الفعلي في الممارسة.
	تنصب في المقام الأول لصالح المؤسسة وسمعة المؤسسة.(تحسين الصورة الذهنية للمؤسسة في عيون الناس): بمعنى إنجاز شيء للسمعة .	أسباب إنضمام الأعضاء للجماعة ـ (لإشباع الحاجات).
٦. المهارات المهنية	غير متجانسة ومختلفة لعدد من الممارسين أعضاء الفريق (مهارات مهنية). * نوعان من فريق العمل: ١- متخصص: أطباء مدرسين.(مهارات إجتماعية متنوعة).	ليست هناك مهارات مهنية تماماً إنما هناك مهارات أخرى تسمى (مهارات إجتماعية) لكل فرد.

	٢ـ الفريق المهني: مجموعة من الأخصائين الاجتماعين مع بعض من نفس التخصص (المهارات الاجتماعية واحدة، متشابهة).	
٧. القيادة	مفروضة على الفريق، والقائد يحدّد قبل التكوين، ومفروض على الفريق ويتم تعيينه من الخارج من الإدارة. وليست هناك انتخابات أو اختيارات.	يتم إختياره عن طريق الانتخاب والتصويت، والاختيار من الداخل. بعد تكوين الجماعة.

أهمية فريق العمل للممارسة المهنية:

هل هناك أهمية لعمل الأخصائي الإجتماعي مع فريق العمل؟

(١) أي مشكلة يجب النظر إليها نظرة كاملة وليست جزئية، لأن كل مشكلة لها أبعاد كثيرة: مثال: مشكلة الطلاق لها أبعاد دينية وقانونية وأسرية واقتصادية وعلاقاتية... والأخصائي الإجتماعي لا يستطيع الإلمام بكل أبعاد المشكلة. فالتعامل مع الأبعاد المتعددة يقتضي اللجوء إلى التخصصات المختلفة التي تساعده. كما أن الحاجة إلى الإلمام بكل أبعاد المشكلة يقتضي اللجوء إلى فريق عمل، يجب الإقتناع أن معظم المشكلات لها أبعاد متعددة.

(٢) أن الأخصائي الإجتماعي يتعامل (مع عملاء متباينين ومختلفين: (في الجنس ـ السن ـ البيئة ـ المهارات ـ الحالة الإقتصادية ـ الحالة الثقافية ـ الدين ـ درجة الوعي والإدراك...) وهذا يقتضي ما يلي:

* كلما زاد مقدار التباين ، كلما ازدادت صعوبة الفهم للعملاء، مما يقتضي اللجوء إلى تخصصات مختلفة لمساعدة الأخصائي الإجتماعي على فهم العملاء.

التباين في الجانب الايدلوجي (إيديولوجية العميل) ← فكر العميل(استيعاب العمل والنظرة إلى الحياة) .

التباين في الجانب السكيولوجي ← (النفسي)

التباين في الجانب السوسولوجي ← (الاجتماعي)

التباين في الجانب الأيكولوجي ← (البيئي)

التباين في الجانب الميروفلوجي ← (الطباع والشكل)

(٣) الأخصائي الإجتماعي يملك نوعية واحدة من المهارات، وهي (المهارات المهنية)،وهو غير متخصص في المهارات الأخرى: والعمل يقتضي من الأخصائي الإجتماعي تضافر المهارات، حيث أنه لا يملك بعض المهارات، فيلجأ إلى أشخاص يمتلكون هذه المهارات لاستكمال مهارات الأخصائي، وهذا ما يمثله (فريق العمل) مثل "المهارات الإدارية".ففريق العمل ـ مكمل للمهارات التي توجد عند الأخصائي الإجتماعي أن الأخصائي الإجتماعي يملك أساليب مهنية معينة، والمشكلة تقتضي أساليب مختلفة مثل: الأسلوب التربوي ـ التكنيك الصفّي.فالمهارات والأساليب ـ يحتاجها الأخصائي، والتوسع في الأفق يتاح عن طريق عمل الأخصائي الاجتماعي من فريق العمل فيتعلم منهم ويكتسب مهارات جديدة.

(٤) إن الأخصائي الإجتماعي في أي مؤسسة يحتاج إلى دعم مادي أو معنوي من أشخاص آخرين في المؤسسة يشجعونه على النجاح، وهؤلاء يجب أن يمثلوا المؤسسة، ويشعر الأخصائي الإجتماعي أنه ليس الوحيد الذي يعمل في المؤسسة، وأن هناك أشخاص آخرين يعملون معه ويساعدونه (فريق العمل)، ففريق العمل ـ يمثل قيادات داخل المؤسسة، فيجب دعمهم فلا يعمل الأخصائي الاجتماعي على فقدهم بل جذبهم اليه وكسبهم. فهم أحياناً يعوقون عمل الأخصائي الإجتماعي، فيشعر بمقاومة بعمله في المؤسسة، فيجب عليه جذبهم وكسبهم وعدم فقدهم.

(٥) ينبغي الإيمان بقيمة المشاركة وقيمة الرأي الجماعي: وهي تطبيق يتجسد في فريق العمل.

(٦) يتيح فريق العمل للعمل نفسه خبرة مشتركة: كل واحد يعطي خبرته في العمل، حسب دوره. وهذه الخبرة المشتركة تضمن نجاح العمل، لأن كل شخص لديه خبرة.

العوامل التي تساعد على نجاح فريق العمل

نحاول إجمال هذه العوامل فيما يلي :

١- قيام علاقات بين أعضاء الفريق مبنية على الحب والتقدير والاحترام لشخص الآخر وتخصص الآخر، إن على الأخصائي معرفة سبب الاحترام من أعضاء المؤسسة (هل لشخصه أم لتخصصه) ويحاول تصحيح أي صورة خاطئة لديهم.

٢- العمل بروح الفريق : الفريق له جسد كجسم الإنسان وهم الأعضاء، وكذلك له عقل أي الخبرة الناتجة من الأعضاء، كذلك الفريق له روح، أي عدم العمل بصورة منفردة، العمل

بصـورة تكامليـة وإحسـاس كـل فـرد بالحاجـة للآخرين،وكـذلك الـروح تعنـي شـيوع الإنـتماء للمؤسسـة، والهدف.والاحساس أن الهدف مشترك.

٣- الفهم لتخصص الآخر : إذ أن عدم فهم تخصص الآخر، قد يؤدي إلى صراع التخصصات،وما هي حدوده.

٤- القيادة الناجحة : الأخصائي الإجتماعي قد يكون القائد الأصلي،ولكن يكون قائد انسـاني لإيجاد الحـب في الفريق والإحترام وحل مشكلة الفريق، ويعتبرنموذجاً للممارسة الخاصة للخدمة الاجتماعية.

نموذج الممارسة الخاصة للخدمة الاجتماعية

أولاً: الخلفية التاريخية لهذا النموذج:

مر هذا النموذج بثلاثة مراحل هي:

(١) المرحلة الأولى: كان فيها الأخصـائيون الإجتماعيون فيها يعملـون في المكاتب الاستشارية والعلاجيـة أو المؤسسات التي تهتم بالخدمات الاستشارية والعلاجية للعملاء ،فترة العمل كانت صباحاً داخـل هـذه المنظمات، لكنهم وجدوا أن الراتب ضئيل فقدموا إقتراحًا، (لماذا لا نعمل بعد ساعات العمل، (وهذه هي فترة العمل المسائية)، على أن يكون هذا العمل بـأجر كعمل إضافي، حـدث أن المـنظمات وافقت علـى إقـتراح الأخصـائيين الإجتماعيـين هـذا،فوافقت علـى مـنحهم راتبـاً صباحاً وراتبـاً خاصًـا أثنـاء العمـل مساءً.فأصبح للأخصائيين

الإجتماعيين عملين لحساب المنظمة صباحاً،ولحسابهم الخاص مساءاً وذلك لتحسين دخلهم.

فعملهم صباحاً ـ ليس بهدف الربح ،إنما لخدمة العملاء بدون مقابل. أماعملهم مساءاً ـ من أجل الربح وأخذ الأجر من العميل. إذا في هذه المرحلة يكون (العمل من أجل الربح بعمل إضافي في نفس المؤسسة).وكان الأجر يدفع من العميل.

(٢) المرحلة الثانية: في هذه المرحلة فكّر الأخصائيون الإجتماعيون في فتح مكاتب خاصة بهم (كالطبيب أو الاستشاري الهندسي أو المهندس أو المحامي) الذي يفتح له باب خاص، وأخذوا يحصلون على ترخيص لفتح هذه المكاتب، وتمت الموافقة على ذلك. ونجحت هذه الفكرة وبدأت تنتشر بسرعة كبيرة في أميركا.

(٣) المرحلة الثالثة: تم فيها الإتفاق بين الأخصائيين الإجتماعيين والأطباء ودياً وبدأ الأخصائيين الإجتماعيين يطمحون في تطوير طبيعة العمل المهني وشكله، حيث تم الإتفاق مع مكاتب الأطباء أو العيادات الخاصة ـ فأي عميل يحتاج إلى جلسات إجتماعية أو استشارة يتم تحويله من الطبيب إلى الأخصائي الإجتماعي في مكاتب الإستشارات الاجتماعية. وانتشرت هذه الفكرة بسرعة، وبدأ الخوف من أن تتحول الخدمة الاجتماعية إلى خدمة خاصة يتحول فيها العملاء من مكاتب الخدمة الإجتماعية إلى المكاتب الخاصة الإستشارية للأخصائين الإجتماعيين. بعض المكاتب قفلت، ولكن الكثير منها ما زالت مفتوحة ومنتشرة، وهذه حقيقة. وأما المشكلة التي تقابل هذه المكاتب فهي أن العملاء بعضهم من فئة الفقراء فلا يتمكنون من دفع بدل الخدمة بالإضافة إلى وضع شروط لنوعية العملاء في هذه المكاتب الخاصة.

ثانياً: نوعية العملاء:

تم وضع شروط لعملاء هذه المكاتب الخاصة للأخصائيين الإجتماعيين تمثلت بما يلي :

(١) أن يكون العميل قادراً على الدفع، أي من فئة الأغنياء والأثرياء وليس من الفقراء: وإن كان العميل من الفقراء يذهب إلى المكاتب الصباحية التي لا تأخذ أجرًا على الخدمة. ويتم الإتفاق بعدد الساعات التي خدم فيها الأخصائي الإجتماعي العميل لأخذ أجره بناءاً على عدد الساعات أو فترة الخدمة المقدمة للعميل.

(٢) أن يكون العملاء ممن يشعرون بالخجل والحرج من الذهاب إلى المكاتب صباحاً، ويكون مقتنعاً من عدم الذهاب صباحاً ويشعر بوصمة العار عند الذهاب إلى المكاتب الصباحية.

(٣) أن يكون العملاء ممن يشعرون بالبرجماتية والنفعية: الذين يقتنعون أن عمل الأخصائي الاجتماعي بأجر سوف يفيد، ويكون ذا منفعة للعميل، وتكون خدمته كبيرة، وفيها الكثير من الإهتمام بالعميل.

(٤) أن يكون العملاء ممن ليس لديهم وقت للذهاب صباحاً لمؤسسات الخدمة، فيذهبون مساءاً للمكاتب الخاصة، او المنظمات التي تعمل مساءاً بأجر لتلقي الخدمة، حيث أنهم يكونوا مشغولين بالعمل صباحاً ويجدون صعوبة في الذهاب في هذه الفترة.

(٥) أن تحقق الديمقراطية عبر المشاركة : أي أن كل أعضاء الفريق عليهم المشاركة وعرض الإقتراحات والتصويت، والمناقشة، وكذلك الأخصائي الإجتماعي قد يساعد بعض الأعضاء ويشجع على المشاركة، أما أشكال المشاركة فهي: المشاركة بالرأي، المشاركة بالنقد، المشاركة بالتقنية، المشاركة في التقويم، المشاركة بالإضافة، المشاركة بالتأييد، المشاركة بالإستماع الجيد، المشاركة بالتصحيح، المشاركة بالتسجيل.

(٦) أن يتم التفاوض: أي حسن الحوار بدون جدل أو شجار، والاستماع للآراء الأخرى. مثال: طالب يعـاني مـن مشكلة فيبدأ الفريق بالتعصب لرأيه (الأخصائي الإجتماعي، المرشد النفسي، المعلم) ولكـن يجـب أن يبـدأ الأعضاء بالتفاوض.

(٧) أن يتم التخطيط لجدول أعمال الفريق: فعند الاجتماع يكون الموعد محدوداً والوقت المسـتغرق محـدداً والتخطيط للمكان متـوفراً، التخطيط للهـدف كـذلك، وكـذلك التخطيط لإمـداد الأعضـاء في الاجتماع بالمعلومات.

(٨) أن يتم التنسيق والتكامل: إذ يجب أن يقتنع كل فرد أو عضو أن كلاً له دور ويكملـه، فالبعض يصـيبهم التعصب المهني، وهو الأساس والبقية لا تهم أدوارهم، فالكل في قارب واحد في النجاح أو الفشل.

(٩) أن تتولد الثقة المتبادلة: كل عضو يثق في الآخر.

(١٠) أن يتوفر المناخ الجيد أو الروح السائدة في أجتماع الفريق: أي كسرـ روتـين الاجتماعـات وتوليـد روح الفكاهة التي تسودها الأخوة بدون شدة أو تعصب. بغض النظر عن الاختلافات في السـن أو الإتجاهـات أو القناعات.

ثالثاً: الإتجاهات السلبية والإيجابية تجاه النموذج:

فهناك صراع بين الفئتين هؤلاء الذين يعارضون و هؤلاء الذين يؤيدون، مما يمكن تلخيصه بالجدول التالي:

فكرة المناقشة	الإتجاهات الإيجابية (الآراء التي تؤيد هذا النموذج)	الإتجاهات السلبية (الآراء التي تعارض هذا النموذج)
١. أهداف الخدمة الإجتماعية ومبادئها وقيمها	الخدمة الإجتماعية كما هي مبادئها وقيمها في المؤسسات الصباحية ولكن الخدمة الاجتماعية مسائية تتم للتيسير وليس التعسير. فمن أهداف الخدمة الاجتماعية كسب أكبر عدد من العملاء إليها وهنا تم جذب فئة جديدة من العملاء الذين لا يستطيعون الذهاب صباحاً للمؤسسة. وأنه أيضاً قد تم الحصول على إعتراف مجتمعي بنجاح الخدمة الاجتماعية وحاجة العملاء لهذه الخدمة الاجتماعية الخاصة.وبذلك تساعد على انتشار الخدمة الاجتماعية والترويج لها .	أن هذا النموذج مخالف لمبادىء وقيم الخدمة الاجتماعية (لأن مبادئها وقيمها تمنع تماماً الربح المادي) وهذا النموذج يهتم بالربح المادي وهو ليس هدف للخدمة الاجتماعية. فالخدمة الاجتماعية لا تهتم بالربح المادي وإن أغلب الربح هو الربح المعنوي. أن: العلاقة المهنية بين الأخصائي والعملاء تبنى على الثقة والاحترام والحرية المتبادلة والموضوعية وعدم التحيز. فهذا النموذج يلغي المبادىء والقيم بشكل عام.
٢. نوعية العملاء	إن عملهم يتم في بعض الأوقات وليس كل الأوقات كيومين أوثلاث في الأسبوع.	تعتبر الخدمة الاجتماعية الخاصة جشعة (لأن شروطها عدم التعامل مع الفقراء والمحتاجين والذين لديهم

فكرة المناقشة	الإتجاهات الإيجابية (الآراء التي تؤيد هذا النموذج)	الإتجاهات السلبية (الآراء التي تعارض هذا النموذج)
	وهذا ليس به ظلم للعميل، فهل في ذلك حرج وهل هذا يعني أن البذل لا يتم في الصباح إنما يكون في المساء؟؟ وهذا لا يعني استهلاك عمل الأخصائي الإجتماعي مساءاً للعملاء الأغنياء وحرمان العملاء الفقراء في الفترة الصباحية.	مشاكل) بمعنى أنها غيّرت نمط العميل الذي يساعده الأخصائي الإجتماعي وفي نفس الوقت هذه الفئة بدأت تعاني من عدم الإهتمام بها. الخدمة الاجتماعية بدأت تتنازل عن العميل التقليدي وبدأت تتعامل مع نوعية خاصة من العملاء الذين لديهم (شروط خاصة كما ذكرنا سابقاً) وهذا جاء على حساب العميل الفقير (العادي) التقليدي. واكتشف أن الأخصائي الإجتماعي يعمل مساءاً أكثر ويبذل أكبر من الصباح.وحُرم العميل من الجهد العالي الذي يبذله الأخصائي الإجتماعي.
٣. الربح	يمكن تحديد الربح عن طريق بعض المكاتب الخاصة المحاسبية خلال فترة معينة فكل المهن تلجأ إلى الربح، (فلماذا لا تلجأ مهنة الخدمة الاجتماعية إلى الربح)	المحاسبية وإلغاء فكرة الخدمة الاجتماعية ومقياس الربح، فضلاً عن قضية الربح نفسها فهي تلغي الخدمة الاجتماعية تماماً وتجعلها ربحية ومالية، فالربح قضية لاأخلاقية فلا

فكرة المناقشة	الإتجاهات الإيجابية (الآراء التي تؤيد هذا النموذج)	الإتجاهات السلبية (الآراء التي تعارض هذا النموذج)
	فالمهنة اليوم التي لا تلجأ إلى الربح تضمحل وتنتهي. فالخدمة الاجتماعية إذا لم تتغير فسوف تضمحل. وحتى تستطيع أن تنافس في سوق العمل فلابد لها من إضافة هدف لها أو معيار وهو هدف (الربح). فكيف نأمل من الأخصائي الإجتماعي أن يعطي وهو يعاني من قلة الدخل فلابد لنا من إتاحة فرصة له للإستثمار والحصول على الربح. فيجب تحسين الوضع المادي للأخصائي الإجتماعي.	يمكن استغلال العملاء مالياً. الربح لايقاس. تلغي معنى الخدمة الاجتماعية القائمة على المساعدة والتطوع بعيداً عن الربح المادي كما في النموذج الخاص.

رابعاً: دفاع العملاء عن الممارسة الخاصة للخدمة الإجتماعية:

يعمل العملاء على الدفاع عن الممارسة الخاصة للخدمة الإجتماعية، وفقاً لما يلي:

(١) أن الممارسة الخاصة تعطي الفرصة لإختيار الأخصائي الإجتماعي الذي يساعد العملاء على حل مشكلاتهم. نعني المؤسسات الصباحية يكون العميل مجبر للحضور عند الأخصائي الإجتماعي ولايستطيع إختيار أخصائي إجتماعي بعينه أو تفضيله على أخصائي إجتماعي آخر. مثل الأطباء ـ فالمريض يعمل على اختيار الطبيب الممتاز لعلاجه كذلك العملاء يعملون على إختيار الأخصائي الكفؤ القادر على مساعدتهم.

(٢) أن الممارسة المهنية صباحاً ماهي إلا تطبيق لنظام الإحسان والخدمات:

فيتذكرون نظام الإحسان ، فيشعرون بالدونية.. والعملاء يعارضون مسألة الإحسان مادام لديهم القدرة على الدفع دون الحاجة إلى الإحسان.

(٣) أن العملاء يريدون خدمة متميزة وأفضل أنواع الخدمات... وخدمة متكاملة:

وتكون الخدمة صباحاً تقليدية.. وأحياناً تكون خدمة شخصية. مثال: المستشفيات.

(٤) إن مؤسسات الخدمة الاجتماعية مؤسسات فقيرة.. فالعملاء يرون أنهم قادرون على مساعدة الفقراء وعلى العمل التطوعي: فيرون أن المؤسسات قادرة فقط على خدمة الفقراء، والفقراء أولى بالمؤسسات من الأغنياء القادرين على الدفع.

(٥) أن العملاء قادرون على استبدال الأخصائي الإجتماعي عندما يفشل في مساعدة العملاء: فالعميل يستطيع الذهاب إلى أخصائي إجتماعي آخر قادر على مساعدته بشكل أفضل. فمن حق العملاء إختيار أخصائيين إجتماعيين قادرين على حل مشكلاتهم بشكل أفضل.

(٦) إن العملاء يرون أن المؤسسات الصباحية فيها كثير من التقيد والإنتظار:

وهو لا يريد الروتين والإزدحام فبالتالي يذهب إلى مؤسسات الخاصة.

خامساً: تطوير الممارسة الخاصة:

ثمت تجربة في لوس انجلوس لتطوير هذا النموذج.. واعتبروها المرحلة الرابعة للنموذج: وهي تقوم على أنه يمكن تطبيقها على الأغنياء والفقراء، فلنأخذ من الأغنياء عمولة كاملة ومن الفقراء نسبة رمزية من العمولة، في بعض المؤسسات المكاتب الخاصة بدأت تدخل الخدمة المخفضة للعملاء الفقراء بحيث تأخذ منهم نسبة من الأجر وليس الأجر كله، وإلى الآن هذه المكاتب تحت الإختبار والتجربة.

وفي هذه التجربة بدلاً من التعامل مع الأغنياء وأنه يجب التعامل مع الطبقات الوسطى والفقراء. والسبب في خوض هذه التجربة ـ هو زيادة عدد المكاتب بشكل سريع جداً أدت إلى نوع من البطالة وتوقف العمل لدى بعض المكاتب، مما أدى إلى تجربة تنوع العملاء بين الأغنياء والفقراء، وأن المشكلات الأكثر ظهوراً ـ هي مع طبقة الفقراء أكثر من طبقة الأغنياء.

سادساً: شروط الممارسة الخاصة:

إن الأخصائي الإجتماعي الخاص هو الممارس المسؤول عن الممارسة المهنية للخدمة الاجتماعية، خارج نطاق المؤسسات الاجتماعية الحكومية وغير الحكومية، ويأخذ أجراً نظير الخدمات الفردية والجماعية التي يقدمها للعملاء.

*** شروط الممارسة المهنية الخاصة:**

تشترط الممارسة المهنية الخاصة ما يلي :

(١) أن يكون من يمارسها حاصل على بكالوريوس الخدمة الإجتماعية أو مايعادلها.

(٢) أن يكون حاصلاً على خبرة في الممارسة المهنية في نفس المجال الذي سيفتح فيه مكتبًا بمدة لا تقل عن خمس سنوات.

(٣) أن يكون حاصلاً على تدريب ميداني لخبرة لا تقل عن سنتين في إحدى المؤسسات.

(٤) أن يحصل على ترخيص مرتبط بممارسة في المؤسسات من النقابة الاجتماعية في المجتمع أو ما يماثلها.

(٥)أن يتم مراقبة المكتب والإشراف على المكتب بصفة مستمرة.

(٦) أن يتم تصميم عقود رسمية ترتبط بقوانين المجتمع وتختلف من مجتمع إلى آخر.

نماذج الممارسة المهنية

(أ) دور الأخصائي الإجتماعي في فريق العمل في المجال الطبي

أولاً: طبيعة دور الأخصائي في المجال الطبي:

دوره في هذا المجال من أهم أعماله، لأنه يتعامل مع نوعية من الأمراض مثل:

(١) أمراض القلب.

(٢) الأمراض التي تحتاج إلى العناية المركزة.

(٣) أمراض تحتاج إلى جراحة.

وهذا لا يمنع أن يعمل الأخصائي الإجتماعي مع حالات سريعة تحتاج وقتًا قصيرًا في المستشفى، إلا أنه يتعامل مع هذه النوعية الثلاثة من الأمراض، على وجه الخصوص.

إن مشاكل المريض لها أبعاد متعددة ومن ضمنها: الأبعاد النفسية والإجتماعية ، وهذا ما يجعل الدور المهني الأخصائي الإجتماعي في المستشفى له صفة المصداقية، فوجود الأخصائي الإجتماعي في المستشفى لا غنى عنه لأنه البلسم الإجتماعي الذي يضع النقاط فوق الجوانب الاجتماعية. ولكي ينجح الأخصائي في المجال الطبي لا بد أن ـ يتعامل ويتلاحم مع فريق العمل ولا يتصارع معه.

ثانياً: دور الأخصائي الاجتماعي في المجال الطبي:

يعتبر دور الأخصائي الاجتماعي متعدداً، فهو يقوم بعدة أدوار:

(١) توضيح أثر البيئة الإجتماعية (الجيران ـ الأسرة ـ المدرسة..) على المريض:

والأخصائي هو الوسيط بين البيئة والمريض. ولا بد أن تتم مراعاة الظروف البيئية. فقد يوضح أهمية خروج المريض من المستشفى وتكثيف العلاج لأن البيئة لا تحتمل غياب أكثر وأطول للمريض.

مثال: لو أن المريض هو الأب وهو تاجر ومرض، فسوف يغلق متجره مدة معينة، والأسرة سوف يغيب عنها الدخل، ولذلك لا تحتمل الأسرة غيابه. فالظروف البيئية تلعب دوراً خطيراً. إذ أن الأطباء ـ الممرضات ـ المشرفون ـ الإداريون هم فريق عمل يعمل معه الأخصائي الإجتماعي.

(٢) يحاول اكتشاف موارد العميل وقدراته وأهمية استثمارها لبعض الحالات الحرجة كالشلل وكيف يدرب المريض على التكيف نتيجة لظروف العمل.

(٣) بحث حالة المريض، دراسة حالة المريض، للتأكد من أنه يحتاج إلى معونة أو مساعدة : فبعض المرضى يحتاجون إلى بحث حالة. مثال: بعض المرضى لا يستطيعون دفع التكاليف للمستشفى، فبعض المستشفيات هدفها تقليل تكلفة العلاج..

ففي بعض الحالات يحتاج أصحابها إلى معونة مالية، فالأخصائي الإجتماعي هنا يقوم بـ (البحث عن مصادر التمويل للحالات المحتاجة) مثل : صندوق الزكاة، التبرعات، صندوق المعونة الوطنية .

(٤) المشاركة في التخطيط لميزانية المستشفى أو العيادة : لتخصيص جزء من الميزانية للأنشطة الاجتماعية خاصة تجاه المرضى الدائمين الذين يعيشون أو يبقون في المستشفى لفترة طويلة

(٥) إشباع بعض الحاجات لبعض المرضى التي لا يستطيع فريق العمل إشباعها.

(٦) يساعد في الترويج للمؤسسة الطبية: بمثابة مسؤول علاقات عامة.

ثالثاً: العوامل التي تساعد على نجاح الأخصائي الاجتماعي في المجال الطبي:

(١) تحديد دوره أو وظائفه أو توصيف الوظائف (التحديد الدقيق لدور الأخصائي الإجتماعي في المستشفى) حتى لا يتداخل مع الأدوار الأخرى. (التوصيف الوظيفي لدور الأخصائي الإجتماعي في المستشفى.حتى لا يحتل عضو آخر من الأعضاء دور الأخصائي الإجتماعي.

(٢) إلمام شامل بالأمراض ومعلومات كافية عن كل مرض.

(٣) إقتناع الأخصائي الإجتماعي بدوره وإقتناع أعضاء الفريق الآخرين بدوره المهني،وإقتناع الإدارة بالخدمة الاجتماعية ودورها في المجتمع والمؤسسات كافة. .

(٤) تكوين علاقات مهنية طيبة مع أعضاء الفريق بعيداً عن التنافس غير الشريف والصراع.

(٥) إدراك الأخصائي الإجتماعي لدوره المهني على حقيقته وأنه ليس دوراً إدارياً صرفاً.

(ب) الأخصائي الاجتماعي وفريق العمل المدرسي

أولاً: أهمية العمل:

هناك سؤال يطرح نفسه: هل هناك أهمية لوجود الأخصائي الإجتماعي مع فريق العمل المدرسي؟؟ وهل هناك أهمية لوجود فريق العمل في المجال المدرسي؟

نحاول الإجابة على هذا السؤال من خلال المحاور التالية :

(١) تعدد حاجات الطلاب:

يتمنى الطالب عندما يدخل المدرسة إشباع الحاجة للتعليم والحاجة إلى التكوين أو الحاجة إلى تنمية الهواية والحاجة إلى تكوين أصدقاء وعلاقات إجتماعية والحاجة إلى اكتساب مهارات وحاجات أخرى.فهو لا يتوقع إشباع الحاجة الأساسية وهو التعليم بل إشباع الكثير من الحاجات.

إن تعدد الحاجات ـ يجعل هناك تخصصات متعددة .

مثل إشباع الحاجة إلى الموسيقى ـ يقتضي التدرب والتعلم مع مدرب أو مدرس الموسيقى.

مثال: إذا كان يحتاج إلى الإنطلاق والسعادة وإظهار مهاراته الشعرية، يحتاج إلى الإتصال بمدرس اللغة العربية.

ـ إذا كان يحتاج إلى تنمية اللياقة البدنية ـ يقتضي الاتصال مع مدرس التربية الرياضية .

ـ الحاجة إلى حل مشكلاته ـ تقتضي الحاجة إلى أخصائي إجتماعي .

ـ الحاجة إلى الشعور بالراحة والأمان ـ يقتضي الاتصال مع أخصائي نفسي.

إذ أن تعدد الحاجات ـ يعني (تعدد التخصصات) ـ يعني (وجود فريق العمل).

* والمؤسسة التي لا توجد بها حاجات تشبعها ـ تعتبر مؤسسة فاشلة،والعكس صحيح.

ودور الأخصائي الاجتماعي هناك ـ إيجاد التنسيق والتنظيم بين فريق العمل .

(٢)   تعدد القيادات المهنية في المدرسة:

يوجد في المدرسة (إداريون ، مهنيون ، أخصائيون اجتماعيون، معلمين ، مشرفون تربويون) إن وجود القيادات العديدة في مجال واحد إذا لم يتم التعاون بينها يحدث صراع.فإما أن يكون بينها (تعاون) أو (صراع). وهذا ما لا يتمناه الأخصائي الإجتماعي .

فوجود القيادات المهنية في مكان واحد ـ يشكل ارباكاً فلا بد من التنسيق مع فريق العمل حتى لا يحدث صراع فقد يعمل كل قائد مهني على حدة (الأخصائي الإجتماعي ـ المدرس ـ المشرف ـ ...) فالعمل التعاوني أفضل من العمل الفردي .

(٣)   تشابه الأهداف التربوية والاجتماعية وعدم وجود فواصل واضحة بينها:

لأنها قد تجعل قائداً مهنياً يحتل الدور الآخر لقائد آخر ، على أساس أن المدرسة لم تعد تقوم بالتلقين للمعلومات والمعرفة فقط،بل أصبحت تقوم بأهداف أخرى تربوية وإجتماعية.

* مثال: تنمية قدرات الطلاب ـ هدف متشابه ـ وهذا هدف تربوي اجتماعي ـ فمن الذي يقوم بهذا الهدف؟

فقد يقول مدرس العربي هو من يقوم بذلك ،أو مدرس الموسيقى ...أو ... فيحدث صراع ـ ـ فهذه الأهداف المتشابهة تقتضي فريق متعاون.

* مثال: هدف التنشئة الاجتماعية ـ هدف متشابه.

فالأهداف المتشابهة للتنمية الاجتماعية والتربوية ـ تقتضي التعاون والتنسيق.

"الأسباب الثلاث الأولى مترابطة مع بعضها،بينما الرابع منفصل لوحده"

(٤) ان المدرسة ليس بمعزل عن المجتمع:

أي ليست بمعزل عن المتغيرات الإجتماعية والاقتصادية التي تحدث في المجتمع،فهي تؤثر في المجتمع، والمجتمع يؤثر على التغيرات (فبينها تأثير متبادل).

إن التغيرات الثقافية ـ (وخاصة الثقافة المستوردة من الخارج) تؤثر على المدرسة تأثيراً قوياً.لا تحتاج إلى فرد واحد أو قائد مهني واحد لمواجهة هذه التغيرات، بل يحتاج إلى التعاون مع فريق العمل (لوقاية الطلاب من شر هذه التغيرات الثقافية، فالمدرس لوحده أو المشرف لوحده أو المدير لوحده ،لا يستطيع عمل شيء لوحده ـ فلابد من التعامل مع فريق العمل والتعاون مع أعضاء هذا الفريق.

ثانياً: دور الأخصائي الإجتماعي مع فريق العمل في المدرسة:

يتمثل دور الأخصائي الإجتماعي مع هذا الفريق فيما يلي :

١- إستشارة أعضاء الفريق لتكوين علاقات إيجابية (خاصة المدرسين) بينهم وبين الطلاب. لأن المدرسين هم الذين يجلسون ويتعاملون أكبر فترة مع الطلاب ،فإذا لم تكن هناك علاقة إيجابية وقوية بين المدرس والطالب فلن تسفر عن التقدم ولن تسفر عن تفوق الطلاب. فيجب على الأخصائي الإجتماعي مراجعة أساليب المدرسين في تعاملهم مع الطلاب .

فالمدرس يستعمل إلى الآن أسلوب العقاب القاسي، وهذا لا يجدي مع الطلاب حالياً، إن لم يعودوا يتقبلون هذا الأسلوب أو الأسلوب الجاف أو المعاملة القاسية، فهناك أسلوب بديل للتعامل، وهو أسلوب منع الحب وهو أسلوب التجاهل،فيجعل المدرس الطالب يشعر أنه منبوذ.فيمكن استخدام أساليب عديدة،وجعل أسلوب الضرب آخر هذه الأساليب.فالمدرس الناجح هو الذي لا يستخدم العصا. فمشكلة المدرس:أنه يدخل المدرسة ولا يكون علاقة طيبة مع الطلاب منذ البداية.

فلابد أن يتفق المدرس مع الطلاب على أسلوب العقاب، وليضعوا معاً قواعد الصواب والخطأ، وأسلوب العقاب إزاء عدم حل الواجبات المدرسية مثلاً.

ويعتبر سلوك الطالب ـ ردة فعل لمعاملة المدرّس مع الطلاب.

٢- اكتشاف الحالات الحرجة الصعبة في المدرسة (الطالب الصعب ..):

وهذا يحتاج إلى أن يكون للأخصائي الاجتماعي دور مع الحالة، لكن بالتعاون مع فريق العمل، للتعامل مع هذه الحالات أو علاجها. فيقوم الفريق بجلسات علاجية (كيف نعالج هذا الطالب "الذي يسرق مثلاً"، فيجتمع الأخصائي الإجتماعي مع المدرس والمشرف سعيًا لإيجاد حل لمشكلة هذا الطالب.

فحل المشكلات البسيطة من مهام الأخصائي الإجتماعي والتعامل معها لوحده، أما المشكلات الصعبة فلا بد من التعامل معها بمشاركة الفريق كل في إختصاصه .

فهل الأخصائي الاجتماعي مؤهل لعلاج هذه المشكلات الصعبة؟ ـ مثلاً مشكلة (الغزو الثقافي) الأخصائي الإجتماعي قد يكون تعلم في الجامعة قبل الغزو الثقافي مثلاً ولم يُدرس هذه المشكلة ولا كيفية التعامل معها، فلا يستطيع التعامل معها فيما بعد عند العمل كأخصائي الإجتماعي.

٣- إمداد الفريق بالمعلومات الخاصة بالمشكلات والظواهر المدرسية:

يقوم باكتشاف الظواهر المستحدثة، ثم يقوم بدراسة الظواهر ثم يستنبط منها معلومات يمد بها فريق العمل، وهو أول من يتعامل مع الظواهر، مثال: الظواهر المتعلقة بالغزو الثقافي وتغير الطلاب، مثال واقعي لذلك في إتجاه الفتيات للقيام بالتشبه بالرجال.

٤- المناسبات الخاصة: (الحفلات، الندوات، الؤتمرات، ورش العمل،ورش العمل الإجتماعي.

دورالأخصائي الإجتماعي مسهل إجتماعي، وهدفه يساعد على تحقيق أهداف هذه المناسبات.

٥- دوره في الاتصال :

حتى مشكلة سرقة الطالب، حيث تمادى إلى السرقة في البيت، فيبدأ بالاتجاه إلى فريق العمل، ومـن ثم العمل مع الأسرة حيث يكون هناك تعاون ثلاثي بين الأخصائي الإجتماعي وفريق العمل والأسرة، أي دور الوسيط.

٦- مساعدة بعض الطلاب الذين يشتكون من جوانب جسمية، نفسية، عقلية:

يقوم الأخصائي الإجتماعي بتحويلهم والتعاون مع مؤسسات البيئة الخارجية، وذلك بالتعاون مـع فريق العمل.

مثال طالب يشتكي من الزائدة الدودية يبدأ بالتعامل مع الممرض في المدرسة، ثـم يقومان بتحويلـه إلى احدى المؤسسات. ومثال الطالب الـذي يحتاج المعونة فيحوله الأخصائي الإجتماعي مثلاً للجمعيات الخيرية.

٧- اكتشاف قيادات طلابية والعمل على تنميتها:

وذلك بالتعامل مع المدرسين، فيتعاون مع بعض أعضاء الفريق للتنمية والتوجيه والتدريب.

٨- التقويم: يرى الأخصائي الإجتماعي سنوياً هل المدرسة حققت أهدافها، مـن حيث المكانـة والنتائج وترتيبها بين المدارس، ويقدم التقويم من أجل تحسين الصورة الذهنية عن المدرسة، أي رؤيـة النـاس في المجتمع للمدرسة.

ثالثاً: الصعوبات التي تواجه الأخصائي الإجتماعي في قيامه بدوره:

تواجه الأخصائي الإجتماعي جملة من الصعوبات إثناء قيامه بدوره تتمثل في :

١. عدم وجود التوصيف الوظيفي لدوره:

أي يمكن لأي عضو أن يقوم بدور الأخصائي الإجتماعي، لأن المدرسة نفسها. هناك توصيف عام ـــ لدورها وهذا مما يؤدي إلى تداخل الأدوار.

٢. عدم اقتناع الآخرين في ادارة المدرسة بدوره وهي لا تضع آمال عريضة على هذا الدور:

وهنا يعمل الأخصائي الاجتماعي في حالة من الصراع، بمعنى أنه لـن يـرى جـدوى دوره، حتى ولـو حقق إنجازات معينة، أو بدون تحقيق.

٣. عدم اقتناع الأخصائي الإجتماعي بعمله:

فقد يكون يعمل للحصول على المال، وان الأساليب والمبادىء لا تطبق على الواقع.

٤. كون الأخصائي الإجتماعي ليس معداً إعـداداً كافيـاً للعمـل في المجـال المـدرسي ولا في التعـاون مـع أعضاء الفريق.

٥. عدم وجود خطة للأنشطة:

ولو وجدت فأنها لا تنفذ كما يجب ان تكون، إنفاق ميزانية الخطة علـى أمـور ثانيـة. وبـدون هـذه الخطة لا يوجد تعاون.

٦. عدم وجود وقت للتعاون مع فريق العمل:

نادراً ما يجتمعون في وقت مناسب للجميع ، وعـدم وجـود وقـت لممارسـة النشـاط مثـل إختلاف الوقت بين المدرس والمدير والأخصائي.

٧. عدم وجود مكان لممارسة المهنية أو اجتماعات فريق العمل.

نموذج الممارسة في الخدمة الإجتماعية التجديدية

يطبق هذا النموذج على الخدمة الإجتماعية المستقبلية، وهذا النموذج نظري لم يطبق إلى الآن، فلـم يـتم إختباره إلى الآن، ويسمى بنموذج الخدمة الإجتماعية للمستقبل، وهو يقوم على الإنقـلاب الجـذري أو التغيـير الكلي للأشياء، فهو لا يؤمن بالجزئية، ولكن يؤمن بالكلية (التغيير لكل شيء)، وهو نموذج يتحدث عن مستقبل الخدمة الإجتماعية.

أولاً: فلسفة نموذج الخدمة الإجتماعية التجديدية:

لكي ننظر إلى الخدمة الإجتماعية نظرة جديدة، لابد من التحدث عن قوتين:

(١)   قوة النظم .

(٢)   قوة العميل.

وذلك في المسار التالي:

(١) قوة النظم: حيث أن المجتمع عبارة عن مجموعة من الأنظمة (ديني ـ أسري ـ اقتصادي ـ سياسي ـ ترويحي ـ صحي ـ تربوي ـ تعليمي ...) وهذه الأنظمة تمثل القوى الأولى، ولكنها لا تعمل في فراغ، فهي تحتاج إلى منظمات لتحقيق أهدافها، وتترجم أهدافها من خلال المؤسسات.

مثال: (النظام الديني ـ يترجم أهدافه من خلال مؤسسات (المسجد ـ الكنائس..)، النظام التربوي ـ يترجم أهدافه من خلال مؤسسات تربوية (المدارس...).

(٢) قوة العميل: تختلف من عميل لآخر. فهناك بعض العملاء يملكون قوة كبيرة وبعضهم قوة بسيطة. فمشكلات الناس عبارة عن صراع بين المصالح (مصلحة الفرد كعميل مع مصلحة النظم) مابين العملاء والمنظمات التي تمثل النظم فينتج المشكلات.

فالفكرة الأساسية ـ المشكلات المستقبلية تكون صراعات بين الأفراد والنظم.

فماذا يمكن أن تعمل الخدمة الإجتماعية المستقبلية للإجابة على السؤال، يمكن عمل إفتراضين هما:

* الإفتراض الأول: (التأثير في قوة العميل) :

يمكن أن نؤثر في الفرد العميل لحل المشكلة، لأنه لا بد من التأثير في إحدى أطراف المشكلة. فلو افترضنا التأثير في قوة العميل لمساعدته، بحيث يستطيع التكيف مع الظروف المحيطة به، وتغيير وتعديل شخصية العميل، ومساعدته على تقبل الواقع.

ومع ذلك لن ننجح في ذلك، لأن البحوث النفسية والإجتماعية والتربوية أثبتت أنه لا يمكن التأثير على العميل في كل الظروف ولا يمكن التأثير على العميل بمعزل عن الأنظمة.

إذاً ما هو الحل ؟

* الإفتراض الثاني: (التأثير في قوة النظم):

وهو يجيب عن سؤال البحث عن الحل من خلال التأثير في النظم وعمل تغيير جذري لها (تغيير في الأساس)، فتختار أحد الحلين التاليين :

(أ) تغييرالنظم تغييراً شاملًا (أي تغيير بناءها الداخلي ووظائفها).

(ب) إحلال نظم بديلة للنظم المستخدمة.

ويرتبط ذلك بالفلسفة والأهداف المجتمعية والمهنية عموماً .

ثانياً: أهداف نموذج ممارسة الخدمة الإجتماعية التجديدية:

تنقسم هذه الأهداف إلى نوعين أو هدفين:

(١) هدف على المدى القريب: (تقييم النظم).

تقييم النظم ومؤسسات النظم التي تحقق أهدافها، وسوف نكتشف أن النظم تنقسم إلى أقسام:

(أ) النظم الجيدة ـ نحافظ عليها ونطورها نحو الأفضل.

(ب) النظم المتهالكة ـ فنغيرها تغييراً شاملاً.

(ج) النظم التي تحتاج إلى دعم ـ بما فيها النظام الأسري.

فكل نظام يقيّم نفسه (فكل وزارة تقيم نفسها مثلاً)، والأخصائي الإجتماعي له دور في ذلك، مـن أجـل أن تكون الخدمة الإجتماعية مستقبلية، حتى تكون المساعدة ملموسة وليست على النطاق الضيق.

(٢) هدف على المدى البعيد: (إحلال نظم جديدة): له دور في النظم.

أي إحلال نظم جديدة بدلاً من النظم المتهالكة المكتشفة في المدى القريب. لأن النظم الجديدة تحتاج إلى تصميم. والأخصائي الإجتماعي يساعد في ذلك، ولكن ليس لوحده، ويؤمن هذا النموذج أن الأخصائي الإجتماعي يساعد فريق العمل حتى لا يرجع النجاح له وحده بل لفريق العمل كله.

وقد تم التفكير في نظام جديد يكون له فاعلية وأفضل مـن النظـام السـابق، وبالتـالي تستطيع الخدمـة الاجتماعية تحقيق أهدافها. وبعض الدول طبقت هذا النموذج في المجال السياسي مثل إعتماد النظام البرلمـاني، أو النظام اللامركزية أو نظام الإدارة المحلية.

* والسؤال الذي يفرض نفسه: كيف يمكن تحقيق هذا النموذج، وما هي وسائل تحقيقه.

ثالثاً: وسائل تحقيق أهداف نموذج ممارسة الخدمة الإجتماعية المستقبلية:

تتمثل هذه الوسائل بما يلي :

(١) إصدار تشريعات جديدة للنظم (قوانين): تشريعات قوية لتدعيم التشريعات المتهالكة، والأخصائي الإجتماعي يساعد في تغييرها وإصدار تشريعات بدل التشريعات التي لم تعد صالحة.

(٢) المؤسسات البديلة المضادة: فالنظم المستنفذة يجب مراقبتها عن طريق المؤسسات البديلة المضادة (مثل جمعيات حقوق الإنسان) التي تراقب حركة النظم والمؤسسات الأخرى، التي تحافظ على حقوق الإنسان والأخصائي الإجتماعي عضو في هذه المؤسسات.

(٣) تغيير في البناء ووظيفة المؤسسات والمنظمات من الجوانب التالية :

(١) البناءات الداخلية

(٢) الوظائف والأهداف

(٣) اللوائح الداخلية للمنظمات

(٤) الهيكل البنائي.

(٤) الحصول على تأييد القيادات الشعبية للتجديد المهني: وذلك لتحصل على التأييد الشعبي من خلال القيادات الشعبية. لأن الحركة لن تنجح الا اذا كان له تأييداً شعبياً معيناً.

(٥) وجود فريق عمل دائم الإرتقاء بالأهداف:

إن بعض الدول طبقت هذا النموذج على مستوى ضيق، فظهرت الخدمة الاجتماعية السياسية والخدمة الاجتماعية مع الأمن المجتمعي.

أهم المفاهيم المرتبطة بالخدمة الإجتماعية التجديدية

أولاً: أهم المفاهيم المرتبطة بالممارسة التجديدية:

(١) مفهوم العميل / الضحية:

وهو مفهوم أساسي، ويعتبرون العميل ضحية.

تنظر الخدمة الاجتماعية التقليدية إلى العميل على أن كل العملاء أقل من الأسوياء. وذلك لأنه يفتقر إلى المعلومات ولديه المعلومات غير الكافية. ويفتقر إلى قدرات ومهارات عن غيره،وليس عنده قدرة على التوافق أو التكيف. والعميل أقل قدرة على تحمل الضغوط، وأقل قدرة على تحمل المسؤلية.

أما الخدمة الراديكالية فترفض هذه النظرة إلى العميل كأقل من الأسوياء:

وتنظر إليه على أنه ضحية النظم، فلذلك الخدمة الإجتماعية المستقبلية ترى إنصاف العميل وترفض فكرة أن العميل أقل من الأسوياء وترى أن العميل ـ ضحية بعض النظم ولإفساد بعض النظم أو تشددها أو إضطرابها أو إنهيارها أو تفكك أو انهيار بعض النظم أو ضحية بيروقراطية بعض النظم السائدة في المجتمع.

من هنا بدأوا يفكرون في إتجاه جديد وهو لوم النظم: وكيف تجعل من العميل ضحية. ووضعت متصل الإتجاه للوم الضحية ـ الإتجاه للوم النظم. فهناك متصل يجمع بين طرفين: (إتجاه لوم الضحية) وهـذا هـو الإتجاه السائد حالياً. وهناك الإتجاه الثاني (إتحاه لـوم الـنظم) وأنـه لا يجـب لـوم العميل ومـا بالعميل مـن مشاكل وظروف تكيفية، وهناك جانبان للمتصل وهو (إتجاه التعاطف مع الضحية) و(إتجاه التعاطف مع النظم).

تكنيك العصف الذهني

يعني تكنيك العصف الذهني: إثارة العقل أو تحفيز العقل لحل مشكلة (حسب المفهوم اللغوي)، أما المعنى العام للمصطلح فهو عملية إثارة العقل لإنتاج وتوليد أفكار مبتكرة من قبل الأفراد والجماعات لحل مشكلة معينة.

والعصف الذهني نوعان: *- العصف الفردي.   *- العصف الجماعي.

أما الأفكار المبتكرة فتأتي في مرحلة لاحقة، إذ أن كل أخصائي اجتماعي ضمن عمله يواجه مشكلات في المؤسسة، ومن ضمن الأساليب التي يستخدمها لحل هذه المشكلات هو العصف الذهني، إن قضية العصف الذهني قضية صراع بين العقل والمشكلات، فأيهما ينتصر على الآخر في هذا الصراع؟ هل العقل سوف ينتصر ـ ويحل المشكلة؟ أم المشكلة سوف تنتصروتتفاقم، وقد تتحول إلى أزمة؟

إن العصف الذهني له مسميات كثيرة منها:

* القذف الذهني: لأنه يتم قذف الأفكار بشكل سريع ، فمن ضمن سمات هذا الأسلوب "العصف الذهني" أنه يحتاج إلى سرعة، واكثر ما يمتدح عليه هو أنه سريع.

* الأمطار الذهنية : أي تتولد بكثرة.

* التفتح العقلي.

لكن المسمى الأكثر شيوعاً والمتعارف عليه هو العصف الذهني.

أولاً: مبادىء العصف الذهني :

يقوم العصف الذهني على المبادئ التالية :

١. النقد المؤجل: مثال مشكلة نقص الميزانية : يقوم فيها الأخصائي الاجتماعي بطلب تقديم الإقتراحات والآراء حول المشكلات، بغض النظر عن سفاهة وبساطة الرأي، وبغض النظر عن تكرار الرأي، أو قربه أو بعده عن الموضوع.

فكل فرد لابد أن يتكلم ويتحدث ويشارك في الرأي. ولا يجوز أن يستهزئ أحد المشاركين برأي الأخر. فإظهار العيوب والنقد في هذه المرحلة مؤجل والتقييم في هذه المرحلة ملغى، وقائد المناقشة لايسمح بأي نقد أو ضحك أو استهزاء.

إن كل الآراء التي قيلت عن حل المشكلة تسجل. فهناك من يكلف بأن يقوم بتسجيل كل ما يجري في المحاضرة أو المناقشة. والنص يعتبر نصف الحل وهذا يعني أن الحكم المضاد للأفكار يجب أن يؤجل حتى وقت لاحق، حتى لا نكبت أفكار الآخرين وندعهم يعبرون عنها، ويشعرون بالحرية، لكي يعبروا عن أحاسيسهم وأفكارهم بدون تقييم.

٢. مبدأ الترحاب والإنطلاق الحر: أي حرية الرأي والإيمان بحرية الرأي بلا قيود و لا شروط ولا خوف من السلطة. ويقصد بها أكثر(التخيل والإنطلاق الحر). ولا بد من الإبتعاد عن كل المؤثرات الخارجية التي تؤثر في المشكلة كالمرض مثلاً، فلا بد من نسيان كل شيء، والتمعن في المشكلة فقط، لأن تزاحم الأفكار في العقل تجعل الإنسان مشتتاً بينها.

بينما المطلوب من الإنسان هو التفكير في المشكلة، كالطبيب الذي يعمل عملية لمريض، يتخيل كيفية علاج المريض، فيجب عليه الإبتعاد عن المؤثرات الأخرى كالتفكير بمنزله وأسرته.

٣. المبدأ الكمي : كلما ازداد عدد الأفكار ارتفع رصيد الأفكار المفيدة.إن كم المعلومات ـ مطلوب لأن الكم يأتي من الكيف، فالأرقام تسبق الكيفيات.

ويقصد بالكيف: الربط بين الأشياء، والربط بين متغير ومتغيرأو فكرة وفكرة، فالمبدأ يعني أن الكيف سيأتي لاحقاً ،(الحل الأمثل للمشكلةـ الجودة) فلا بد من البدء بالكم ـ لأن الكيف لن يأتي إلا بالكم والكم الجماعي أفضل من الكم الفردي ـ فالجماعة عندما تكون لديها كمية من المعلومات أفضل من كمية المعلومات التي تتولد عند الفرد فالمشتركون بالإضافة إلى مساهمتهم في أفكار خاصة، بهم يخمنون الطرق التي يمكنهم بها تحويل أفكار الآخرين إلى أفكار أكثر جودة، أو كيفية إدماج فكرتين أو أكثر في فكرة أخرى أفضل.

٤. التركيب والتطوير: أي الربط أو الجمع بين الافكار السهلة التنفيذية، وإيجاد تركيبات جديدة، بعضها يمكن تنفيذه وبعضه لايمكن تنفيذه، أن الإضافة أو الحذف للأفكار، تقنين وتطوير الحل.

مشكلة أب تقدم إلى ابنته عريسين وكل منهما له مزاياه، فما الحل؟

قد تقوم البنت بالتفكر في الشخصين ومزاياهما، إلى أن تصل إلى الحل الأمثل وتختار العريس الأنسب لها. فالحل ينبع من الذات الفردية أو الجماعية.

ثانياً: فلسفة العصف الذهني :

يقدم العصف الذهني على فلسفة تتلخص فيما يلي :

١. إن الناس هم الأساس: فحل المشكلة يبدأ بالناس وينتهي بالناس، والإعـتماد عـلى الإنسان، وليس عـلى الموارد أو التكنولوجيا أو المال. فالناس هم الكفيلون بحل المشكلة، لكن العنصر البشري هو الأساس وهـو الذي أوجد هذه الموارد.

٢. إن الجميع لديه شيء ما: ليس هناك إنسان بـلا إمكانيات، فكـل فـرد لديه إمكانيات معينة، وهـذه الإمكانيات تختلف من فرد لآخر لكنها موجودة لديهم، فلديهم قدرات ومهارات ومواهب، والبعض قد لا يكتشف ما لديه من قدرات، وبعضهم استطاع اكتشاف قدراته، وهذا ما يعني فردية الإنسان في اكتشاف الإمكانيات التي في داخله.

٣. إن الجميع لديهم حق المشاركة : وعدم مشاركة الفرد يعني تنازله عـن حقـه، وإذا ماتنازل عـن حقـه في المشاركة يجوز أن يتنازل عن غيرها من الحقوق.

٤. إن الحلول تبدأ من الجميع : وذلك على أساس أن الحل الجماعي أفضل من الحل الفـردي، فالحـل يبـدأ من الجميع ، أما اذا كانت المشكلة فردية فيتم الحل فردياً، إذا كانت مشكلة شخصية.

٥. إن الجميع مسؤول : فالمسؤولية لا تقع على فرد واحد، انما المسؤولية ملقـاة عـلى الجميـع، وليس عـلى شخص واحد.

٦. إن الحلول موجودة وتريد البحث عنها : فالحلول موجودة لكـن المطلـوب البحـث عنهـا، وان نسـتدعي الحل (أي نناديه) من خلال التفكير والحوار والإطلاع .

٧. إن الإعتماد على الذات في العمل واجب : أي الإكتفاء الذاتي بالفرد الواحد (الحـل الفـردي).أمـا لـو كـان (الحل الجماعي) فيتم الإكتفاء بذات الجماعة لحل مشكلاتها.

٨. إن الوقت هو المال (أي هو القيمة) : فيجب مصارعة الوقت حتى لا تتفاقم المشكلة، وحل المشكلة في مهدها قبل أن تطرح في لحدها (أي قبل أن تتفاقم) لأنه سوف تظهـر أشياء جديدة تتشابك فتـزداد المشكلة. فالإنسان لو أجّل الحل سوف تصبح المشكلة أكثر صعوبة. ويمكن تبني المشكلة بالعصف الذهني، وهذه النقاط التي تحتويها الفلسفة علـى الأخصائي الاجتماعـي (أو قائـد العصف الـذهني) أن يوصلها ويفهمها للحضورأثناء المناقشة.

ثالثاً: خصائص التفكير المرتبط بالعصف الذهني:

إن العصف الذهني إنذار العقل. فيتبنى بعض من خصائص النفكير ، والـذي يسـاعد علـى أن العصـف الذهني شيئ مميز وبعض الأساليب كالنمزجة... فكـل أسـلوب يختار خصائص معينـة في التفكير. فهـو كأي أسلوب يعتمد على إنتقاء بعض خصائص التفكير المتعددة ليتبناها.

إن الخصائص عموماً بعضها على عكس اعتقادات الناس، والبعض لا يعتقد ببعض هـذه الخصائص، وقد يكون اعتقاداتهم مختلفة عن هذه الخصائص، وهذه الخصائص هي:

١. أن التفكير له جاذبية معينة: وجاذبيته تنطلق من أن التفكير فطرة الإنسان التي فطـر عليهـا، لـذا فإن الإنسان لا بد أن يعمل ويفكر. فالإنسان ينجذب لكل مـاهو فطري (مثل مابشرب ويأكل.. فهـو أيضا يفكر.. فالتفكير ليس صفة مكروهة عند الإنسان، بل صفة جذّابة لذلك لابد من التشجيع عليها لأنها مـن الفطرة. فالإنسان يشعر بالسعادة عندما يفكر ويكون الإنسان إنساناً حين يفكر لأنه من فطرة الإنسان.

٢. إن العصف الذهني يعتمد على سمة وهي أن التفكير ليس له صفة الجاذبية فقط ، بل هو متعة مسلية: فليس التفكير شيء مجهد ،فكل فرد يشارك بالمناقشة، ويشترك في الرأي أو المزج بين الأفكار الغريبة وتركيبها.

٣. ليس للعصف الذهني جاذبية ومتعة فقط بل له صفة علاجية، فهو علاج للمشكلة، وأيضاً حل للجهاز المناعي عند الإنسان وللحالة النفسية. فالإنسان الذي يفكر كثيراً يستطيع حل مشكلته، فالإنسان كل يوم يفقد خلايا دماغية، فالمخ هو الجهاز الوحيد الذي اذا فقد خلاياه يموت، فالخلايا النفسية لا تتولد كغيرها في المخ عندما تموت. كل فرد تكون له حرية الكلام دون أن يقوم أي فرد بفرض رأيه أو فكرته أو حل للمشكلة.

٤. إن العصف الذهني عملية تدريبية: فهي طريقة هامة لاستثارة الخيال والمرونة والتدريب على التفكير الابداعي فهو أسلوب حياة الإنسان، فالإنسان في التفكير لايستطيع الكلام أو الحديث إلابعد تفكير وتأمل، والتدريب على إتخاذ القرار، يتأمل ويتدبر، والتدريب عملية عقلية،فهناك معظم الناس يتحدث قبل أن يفكر. فتلفظ الحكمة ناتج عن العصف الذهني والتفكير. وهذا يحتاج إلى وقت، لكن بالتدريج يجدها الإنسان أنها سهلة. إن عملية التفكير عملية تثقيفية، فهناك علاقة بين التثقيف والتفكير، لأن التفكير يؤدي إلى توليد الرأي الشخصي، ولذلك الرأي الشخصي- رأي مبني على التفكيروليس تعليماً، فالتفكير يختلف عن التعليم، التفكير يؤدي إلى جمع أكبر كمية من الآراء، وهذه الآراء تؤدي إلى تكوين الرأي الشخصي، وهو رأي مستنبط من آراء الناس المتعددة.

رابعاً: أهداف العصف الذهني:

يهدف العصف الذهني بصورة أساسية إلى حل المشكلات القائمة / مناقشة بعض الظواهر المستحدثة في المجتمع لكن هناك أهداف أخرى نجملها على النحو التالي :

١. تنمية الوعي الإبداعي أو الإبتكاري : ليكون نمط الإنسان في الحياة، لكن نريد حل المشكلة بطريقة جديدة مستحدثة، وعدم التعود على أن يكون الحل نمطياً وأسلوباً في الحياة.

٢. تنمية مهارات التفكير عند الإنسان، سواء بشكل فردي أو جماعي: فالأهداف مترابطة: حل المشكلة ـ الابتكار ـ وجود مهارات (تعيد الثقة في النفس والعمل الجماعي).

٣. إعادة الثقة في النفس وقدراتها الذاتية: فعمل العصف الذهني وحل المشكلة يثق في نفسه.

٤. التعود على أسلوب العمل الجماعي: التعود على حل المشكلة بشكل جماعي.

(والأهداف مترابطة معاً: حل المشكلة ـ الابتكار ـ وجود مهارات (تعيد الثقة في النفس والعمل الجماعي).

إن العصف الذهني أسلوب يتناسب مع بلداننا النامية تماماً لأنه يعتمد على العمل الجماعي، وهي تعتمد أيضاً على العمل والروح الجماعية وتعتمد للجماعة على مصلحة الفرد، عكس الدول الرأسمالية التي تعتمد على الفردية.

خامساً: خطوات العصف الذهني:

تمر عمليات العصف الذهني بخطوات أساسية لا تتجزأبل تتكامل،نوضحها فيما يلي:

(١) تحديد المشكلة أو الظاهرة المراد مناقشتها في جلسات العصف الذهني: أثناء المناقشات تتداخل المشكلات، لأن من ضمن خصائص المشكلات أنها تتداخل وتؤثر وتتأثر بالمشكلات الأخرى، ولها صفة (الكائنية الاجتماعية) إذ ترتبط بغيرها، ونعني هنا بتحديد المشكلة، فصلها عما يؤثر فيها وماتؤثر فيه. لكي نحدد معالم سير عملية العصف الذهني، وتحديدها تحديداً دقيقاً.

مثال : في عملية العصف الذهني لابد من قيام رئيس الجلسة أن يقوم بتحديد المشكلة ويترك (٥ دقائق) للجماعة للتأمل في المشكلة، لكي تأتي بعدها الخطوة التالية.

(٢) إعادة صياغة المشكلة: وذلك بناءاً على آراء جماعة العصف الذهني، بحيث يكون أكثر تحديداً وموضوعية، وإلغاء بعض المصطلحات الشاذة والغريبة في المشكلة لتكون المشكلة واضحة تماماً للجميع.

(٣) الإعداد لجلسة العصف الذهني:

حيث يتم الإعداد على طريقتين:

أ. بتهيئة المناخ للعصف الذهني: وهذا دور رئيس أو قائد الجلسة. فيبدأ بشرح العصف الذهني بإختصارمابين (٥ ـ ١٥) دقيقة. (مثلاً يبين أنه لا يجوز النقد فالنقد مؤجل، وأن الناس كلهم لهم حق المشاركة، وغيرها من نقاط فلسفة العصف الذهني).

ب. إختيار تنظيم العصف الـذهني: (الأدوار) وهـذه أدوار الأعضـاء، فيـتم إختيـار الأدوار مـا بـين (١٠ ـ ١٥) دقيقة كمتوسط: والتنظيم يتضمن:

١. القائد.

٢. أمين السر الجلسة : يتم اختياره من أعضاء الجلسـة ويجـوز للـرئيس اختيـاره ، ودوره هـو تسـجيل نقاط أو حلول الجلسة.

٣. خبراء : من الأعضاء أنفسهم والخبير هو : الشخص الذي يملك أكبر كمية من المعلومات عن المشكلة أو الظاهرة، لأنهم يحددون حلـول أفضل للمشكلة وفي أثنـاء هـذه الفـترة يقـوم أمـين السرـ يعـد للعصف الذهني في سبورة ويكتب الحلول التي يقولها الأعضاء، مهما كانت آرائهم بسيطة أو تافهة.

٤. فتح باب المناقشة لحل المشكلة : ويختلف الناس في طرق فتح المناقشة. وطرق فتح بـاب المناقشـة تتضمن:

أ. مناقشة سريعة (٥دقائق) عـن المشكلة (مثل مشـكلة الإدمـان: يوضـح رئيس الجلسـة للأعضاء مفهوم الإدمان وتأثيره ونتائجه.. وما يتعلق به بشكل سريع مختصر).

ب. توزيع أوراق (في ٥دقائق) لكل واحد يقرأها في ٥ دقائق عن المحاضرة.

ج. البدء في فتح المناقشة مباشرة، فليس فيها توزيع أوراق أو محاضرة.

يتمثل دور الرئيس بأنه يشجع الأعضاء على طرح آراءهم أو يترك لهـم البـاب مفتـوح، فكـل شـخص لـه الحرية في التحدث فيتركهم يتحدثون براحتهم.

أما دور أمين السر ـ يقوم بتسجيل جميع الحلول والآراء والأفكار الـواردة حتى الشاذة أو الغريبة أو صعبة التحقيق أو المنال أو الخيالية أو البسيطة.

وهذه الخطوة تستمر لمدة (٤٠ دقيقة) وأحياناً تكون صعبة تحتاج (ساعة)، وبعضها تكون سهلة تحتاج إلى (ربع ساعة)، وذلك حسب تعقد المشكلة.

(٥) تشجيع الأعضاء وتحفيزهم على المشاركة بأسلوب بسيط، ليس فيه حرج أو مشد للحياء، وبشكل ودي، لكي يجعل الأعضاء الخجولين أو الذين لايبدون آرائهم ولا يشاركون. للتأكد من مشاركة جميع الحـاضرين في القاعة. فمن ضمن قواعد العصف (مشاركة الجميع)، فالبعض يخافون المشاركة خوفاً مـن نقد أو تقييم الآخرين لهم.

في نهاية المرحلة يكون أمـين السر ـ قـد سجّل عشرـات الآراء. ويجـوز لـرئيس الجلسة أن يفتح البـاب للمشاركة، يمكن لعضو واحد أن يشارك بعشرة آراء حتى لو كانت مترابطة . فالعقل أحياناً ينتج أفكاراً مبتكرة، والأفكار تقفز، فهي سريعة جداً وفي نهاية مرحلة فتح باب المنافشة ـ يبدأ الرئيس في إقفال بـاب المناقشة ،فلا يسمح لأحد بإبداء رأيه بعد ذلك.

(٦) تقييم الأفكار المسجلة: ويتم تقييمها من خلال الآتي:

الأفكار المكررة يتم حذفها، والخبراء لهم دور في حذف الآراء المكررة ، والخبراء أو بعض الناس لديهم حـق التقييم ، لهم دور في هذه العملية.

يتضمن التقييم الإجراءات التالية:

أ.   حذف الآراء المتشابهة منها.

ب. حذف الأفكاراً غير الواقعية : الخيالية أو صعبة التحقيق، فالإمكانيات الجماعية لا تتيح تحقيقها.

ج.   إنتقاء أفضل الأفكار التي يمكن تطبيقها.

د. الربط بين فكرة وفكرة من الأفكار المنتقاة، للوصول إلى الحل الأمثل.

وبالتالي في نهاية التقييم يتم حل المشكلة بـثلاثة أفكار مترابطة.

وفي حال عدم توصل الجماعة لحل المشكلة يتم إعادة العصف الذهني لتوليد أفكار جديدة.

سادساً : معوقات العصف الذهني:

تواجه عمليات العصف الذهني بعض المعوقات مثل ما يلي :

(١) عدم الإقتناع بأسلوب العصف الذهني: إذ أن هذا الأسلوب جديد قد لا تتقبله الجماعة.

(٢) عدم الإقتناع بحل المشكلة: قد لا يقتنع البعض بحل المشكلة الآن، بل تأجيلها لوقت آخر،أو يعتقد أن المشكلة لا تحتاج حل.

ـ الحاجة إلى المزيد من التفاصيل حول الحل ـ الإقتناع ـ الأسلوب على النحوالتالي:

* المستوى الرأسي: هو الإقتناع بحل المشكلة أو عدم حل المشكلة.

* المستوى الأفقي: الإقتناع بأسلوب العصف الذهني أو عدم الإقتناع.

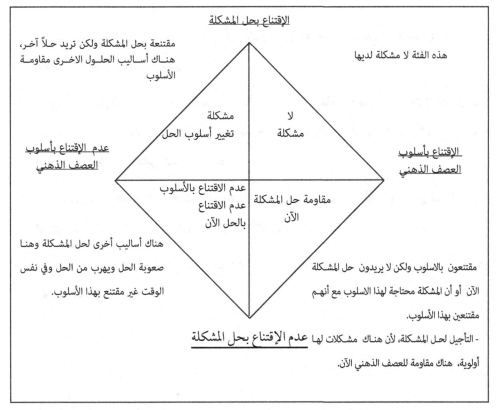

الإقتناع بحل المشكلة
مقتنعة بحل المشكلة ولكن تريد حلاً آخر، هنـاك أسـاليب الحلـول الاخـرى مقاومـة الأسلوب
هذه الفئة لا مشكلة لديها
مشكلة
تغيير أسلوب الحل
لا
مشكلة
عدم الإقتناع بأسلوب العصف الذهني
الإقتناع بأسلوب العصف الذهني
عدم الاقتناع بالأسلوب
عدم الاقتناع
بالحل الآن
مقاومة حل المشكلة
الآن
هناك أساليب أخرى لحل المشكلة وهنا صعوبة الحل ويهرب من الحل وفي نفس الوقت غير مقتنع بهذا الأسلوب.
مقتنعون بالاسلوب ولكن لا يريدون حل المشكلة الآن أو أن المشكلة محتاجة لهذا الاسلوب مع أنهم مقتنعين بهذا الأسلوب.
- التأجيل لحل المشكلة، لأن هناك مشكلات لها أولوية، هناك مقاومة للعصف الذهني الآن.
عدم الإقتناع بحل المشكلة

(٣) الخوف من الفشل: لكل مشكلة وقت معين في الحل،وأخشى- إتباع هذا الأسلوب لأنه يحتاج الوقت، ويفضل أن يستهلك الوقت للمشكلة ولا يوجد الحل للمشكلة وهو نوع من المغامرة والمجازفة الذي يخسره البعض في ضياع الوقت للمشكلة وعدم حلها.يخشى- أن العصف الذهني لا يأتي بثماره فتحقق خسارتان هما :

أ- خسارة بذل مجهود في العصف الذهني بلا قيمة.

ب- خسارة الوقت المحدد لحل المشكلة ، والذي يمكن استخدامه في حل المشكلة لحل مشكلة أخرى.وبعد ذلك المشكلة سوف تتعقد والخوف من الفشل.

(٤) الخوف من المشاركة دون استعداد: وتتضح في المشاركة الجماعية، فهناك ظروف شخصية تقف أمام العصف الذهني وتجعله غير يسير.

(٥) الخوف من إتهام الآخرين: إتهام الآخرين للفرد بالتفاهة أو السخافةمثل : هل أضمن أن لا أحصل على إهتمام من الآخرين بعد العصف الذهني، المشكلة هنا ماذا يحصل بعد العصف الذهني؟ من ضحك أو استهزاء من الآخرين، فالناس يتنبأوون بذلك.

(٦) الخوف من عدم التوافق (عدم التكيف مع الناس): مثل أشعر أنني منبوذ، أو أن رأيي غير مقبول ،وعدم التوافق مع الآخرين الرأي. قد يكون شاذ عن آراء الآخرين.

(٧) الخوف من حل مشكلة بطريقة لا ترضي الفرد أو الجماعة: يقاوم الحل الذي تم الوصول إليه من خلال العصف الذهني.

٥ - نموذج الممارسة الجماهيرية

أولاً: طبيعة هذا النموذج:

يفترض هذا النموذج يفترض أن الخدمة الإجتماعية التقليدية تمارس على الوحدات الصغيرة، وأن الوحدات الصغيرة (الفرد/الجماعة/مجتمع الجيرة/مجتمع المنظمات) أيضاً وحدات صغيرة .

* وبدأ العلماء يفكرون (لماذا لا تمارس على مستوى أكبر من الوحدات؟)..

بمعنى أن الخدمة الإجتماعية تمارس في قطاع معين مثل: قطاع المرأة / الشباب / الأطفال / المسنين بمعنى توسعة الخدمة الإجتماعية لكي تضم و أن تمارس على الوحدات الكبرى وأيضاً على منطقة حضرية متحضرة وبذلك تحقق الخدمة الإجتماعية أهدافها بسرعة.

* فهو يلغي مصطلح (الجمهور).وجميع المنظمات وحدات صغيرة تضمها القطاعات وذلك على مستويان هما .

١- مستوى القطاع المعين: المرأة/الشباب/الأطباء/المسنون.

٢- مستوى منطقة جغرافية: معينة.

هدف هذا النموذج: أساساً إلى تطوير أهداف الخدمة الإجتماعية وتنميتها وتعميمها وأن يستفيد منها عدد كبير من الناس،وليس نسبة محدودة أو صغيرة.

تتلخص طبيعة هذا النموذج في: أنه يتخلى عن فكرة الوحدات الصغيرة ويتعامل مع الوحدات الكبيرة، من أجل إنجاز أهداف الخدمة الإجتماعية)يتخلى عن مصطلح عميل ـ ويستبدله بمصطلح (جمهور).

ثانياً: عناصر الممارسة المهنية للنموذج:

(١) وحدة العمل أي العمل مع الجمهور، وهـذه قضيـة تحتاج إلى إعـادة تأهيـل الأخصـائي الاجتماعـي لأنـه مؤهل للعمل مع الوحدات الصغيرة،لكن غير معتاد على التعامل مع الجمهور.

(٢) تتعامل وتعتمد في أسسها على بعض العلوم وبعض النظريات: (مثل علوم العلاقـات العامـة أو التربيـة أو بعـض أسـس الإدارة أو علـم الـنفس الإجتماعـي) أيـل أن الأخصائي الاجتماعـي عنـدما يطبـق الخدمـة الاجتماعية الجماهيرية لابد أن يعتمد على علوم أخرى مختلفة ودراسة نظرياتها لأنها تساعده على حسن التعامل معا لجمهور .والخدمة الاجتماعية الجماهيرية تعتمد على علوم متخصصة منتقاة وهـي العلـوم التي تتعامل مع الجمهور وأسس الخدمة الجماهيرية تعتمد على الأسس العادية.

(٣) تعتمد الخدمة الاجتماعية الجماهيرية علـى تقنيـات وأسـاليب ومهـارات تختلـف عـن مهـارات الخدمـة الاجتماعية التقليدية: فهي تحتاج تقنيات متخصصة للتعامل مـع الوحدات الكبـرى.فـلا بـد مـن عناصـر جديدة للخدمة الاجتماعية للتعامل مع الجمهور لأن الأساليب المؤثرة في الوحدات الصغرى تختلـف عـن الأساليب المؤثرة في الوحدات الكبرى.

(٤) تعمل الخدمة الجماهيرية من خلال منظمات ، وهذه المـنظمات تتعامـل مـع الجمهـور ككل، فالتعامـل يكون مع الجمهور، الخارجي وليس الداخلي.والخدمة الاجتماعية التقليدية تتعامل مع الجمهور الـداخلي وهو قليل أيضا، وهو عن المحتاجين.فالأخصائي الاجتماعي يجـب أن يتصـل مـع الجمهور الخـارجي عـن طريق القيادات الشعبية ومراكز القوى في المجتمع.

تتلخص مكونات وعناصر نموذج الخدمة الإجتماعية الجماهيرية في ما يلي :

١- التعامل مع الجمهور وليس العملاء وإن كانت لا تتخلى عن العملاء.

٢- التعامل مع علوم وفنون جديدة لإثراء الخدمة الإجتماعية.

٣- التعامل مع تقنيات وأساليب جديدة لتقوية أداء الخدمة الإجتماعية.

٤- التعامل مع منظمات ذات أهداف وأبعاد جديدة.

ثالثاً: مدى ملائمة النموذج للدول النامية:

يتناسب هذا النموذج مع ظروف الدول النامية للإعتبارات التالية :

(١) تعدد المشكلات: لأن هذه الدول تعاني من مشكلات ، تجعل من التعامل مع الوحدات الصغيرة لا جدوى منه،وتعدد المشكلات يجعل الخدمة فاشلة في التعامل مع الوحدات الصغيرة،فلا بد من التعامل مع الوحدات الكبرى،إختصاراً للجهد والموارد والإمكانيات والوقت.

(٢) تشابه المشكلات: وهذا يشجع على التعامل مع الوحدات الكبرى، ليس على مستوى الدول فقط،وإنما على مستوى القطاعات داخل الدول .(مثل البطالة).

(٣) أن هذا النموذج يتصور تغيير كل النظم أو تعديلها،إلا أن بعض النظم غير قابل للتغيير، مثل نظام الأسري أو البيئي.

(٤) أن تغيير النظم يحتاج فترة زمنية طويلة ـ ما بين تغيير وتغيير حتى يتم التقبل والتكيف مع التغيير الحاصل.

(٥) أن الأخصائي الإجتماعي حالياً غير مهيأ لممارسة الخدمة المتجددة: فالأخصائي الإجتماعي لديه مهارات للتعامل مع الوحدات الإنسانية الثلاث (الفرد/الجماعة/تنظيم مجتمع) وليست لديه مهارات للتعامل مع النظم الإجتماعية الكبرى الموجودة في المجتمع.

الإقتداء (النمذجة)

إن الإقتداء بنماذج موضوعة لممارسة الخدمة الإجتماعية يتطلب الإحاطة بعدد من الجوانب لهذا الإقتداء أو النمذجة، تلك التي يمكن عرضها على النحو التالي :

أولاً: نواتج النمذجة:

ينتج عن النمذجة، أو الإقتداء عادة ، الفوائد التالية:

(١) تعلم أنماط سلوكية جديدة: عادات ـ إتجاهات ـ تصرفات ـ ألفاظ معينة، تختلف من فر لآخر.

(٢) التوقف أوالكف عن ممارسة سلوكية خاطئة أو سلبية: مثل الكسل أو الألفاظ السيئة أو السلوكيات الخاطئة.

(٣) تسهيل ظهور الأنماط الجديدة مع تهيئة المناخ لإستعادة النواحي الإيجابية أو التصرفات المناسبة التي كان الإنسان يتمسك بها الفرد في يوم ما.

ثانياً: أنماط النمذجة:

إن للنمذجة عدد من الأنماط، من بينها ما يلي :

١- النمذجة الحية:

إن هناك إنسان حي يقتدى به (موجود في الدنيا أو نعيش ذكراه أي ميت لكنه حي بأفعاله في ذكرانا بأفعاله الحسنة).مثل الإقتداء بالعلماء والمخترعين وإقتداء الشاب

باللاعبين السابقين والموجودين وإقتداء الفتيات بالفتيات والممثلات.فيأخذ بعض التصرفات منه ومحاولة تقليده ومحاكاته.دون أن يحتك به فيكون في هذا النوع من الإقتداء الإحتكاك غير المباشر أي عدم التكلم معه ومشاهدته مباشرة إنما الإحتكاك به عن بعد. (مثل أن تقتدي فتاة بممثلة لكن لا تشاهدها أو تتكلم معها). خاصية هذا النمط من النمذجة هو تعلم الأخطاء،لكن بدون تصحيح الأخطاء.

٢- النمذجة بالمشاركة:

نوعية من النمذجة وهناك فرق بينها وبين النمذجة الحية ان هؤلاء البشر- القدوة أو النموذج يعيشون في الحياة ويتم التحدث معهم وتقليدهم عن قرب،مثل المدرّس أو الأب فهي نوعية من النمذجة المباشرة. وهي أفضل من النمذجة الحية. مثل تقليد المدرب في حالة تدريب اللياقة وفائدة المشاركة هنا هو تعلم الأخطاء مع تصحيحها.

٣- النمذجة التخيلية :

وهنا لا يتم الإحتكاك بأفراد ، إنما يتم قراءة قصة لمؤلف (سيرته الذاتية)، أو قصة عادية بها أبطال وفيها نقتدي بشخصية البطل. كأن يكون لك مشكلة والبطل في القصة له ذات المشكلة، فهنا نقتدي به ونقلده حتى تصل إلى حل أو بر الأمان. وهذا نوع من النمذجة المفروض التعلم منه.

٤- النمذجة الفيلمية:

فيكون القدوة موجود في فيلم أو تمثيلية أو شبكة الانترنت أو أجهزة الإعلام، تعلم بعض السلوكيات التي يقوم بها أحد الممثلين ، يكون فيها تجسيد حيث يتم إستخدام

الأذن أو العين في النمذجة، التأثير عادة يكون غائباً وليس مباشراً. لايظهر إلا بعد فترة معينة.

ثالثاً: العوامل التي تؤثر في الإقتداء (النمذجة):

١. صفات القدوة: تؤثر في الإقتداء أو النمذجة عدة عوامل هي :

يجبر الملاحظ على الإقتداء، الصفات تخضع لقانون الجبر، تجبر الملاحظ على الإقتداء. هناك بعض الشخصيات لها كريزما أو الشخصيات المحترمة أو المثقفة في الدين أو المعاملة أو المتزنة في سلوكياتها، حيث ينبغي للفرد أن يقترب منها وتجبره على حبها والإنجذاب لها، أو الشخصيات الحكيمة أو القيادية أو العاطفية أو الذين عندهم قدرة على العطاء، وهذا يقرب الناس منهم .

٢. صفات الملاحظ :

وهو الشخص الذي يريد الإقتداء.

١. الشخص الإتكالي: يحب أن يقلد الناس أكثر وهو يعتمد على الآخرين.

٢. الشخص الذي يتعلم أنه حين يقلد الآخرين يكسب أو الذي حصل على مكافأة من تقليد سابق للآخرين يريد أن يقلد دوماً.

٣. الشخص غير الواثق من نفسه، لأنه يثق في الآخرين وفي قدراتهم.

أسلوب النمذجة (نظرية التعلم بالملاحظة، نظرية التعلم بالمحاكاة،نظرية التعلم بالتقليد).

تعتمد هذه النظرية على إفتراضات منها:

(١) أن الإنسان كائن اجتماعي: لديه القدرة على التفاعل مع الآخرين، لأنه من فصيلة الأنس، فهو يتأثر ويؤثر في الآخرين، لدرجة أكبر من تأثره أو هو يؤثر، أكثر مما هو يؤثر.يتأثر بملاحظتهم بتقليدهم ودرجة التأثير والتأثر تبعاً لطبيعة الإنسان. حيث ان الإنسان يقوم بملاحظتهم ثم يقلدهم . فالنموذج: هو الشخص الذي يقتدى به، أن الملهم،الأقرب إلى المثالية.يتأثر أكثر بالشخص النموذج.

(٢) إن التأثير بالنموذج تأثير إنتقائي: أي لا يتأثر الإنسان بكل تصرفات النموذج ولكن ينتقي نوعية معينة منها، ويحاول تقليدها. لا بد من تعدد القدوات ، حيث يختار الأفضل من شخصية القدوة أي القدوة الدينية، أو قدوة المدرس، أي التأثير في جزء من شخص وليس كل شخصيته.

(٣) تأثير النموذج قد يكون تأثيراً غير مباشر: (التأثير النائم) أو (التأثير المؤجل) . تأثير مؤجل لمرحلة قادمة .كلنا نتأثر تأثيراً مباشراً أو غير مباشر ، أي ظهور في مرحلة سابقة، مثال: سلوكيات ظهرت الآن نتيجة التأثر من القدوة.

وهذه النقاط لها تأثير كبير في حياتنا، سواء شعرنا بهذا التأثير أم لم نشعر.

الفصل الثالث

التدخل المهني في الممارسة المهنية

القاعدة العاشرة

المرأة الحرام في نظر الشريعة الاسلامية

١ - مدخل

إن التدخل المهني ـ علامة من علامات الممارسة المهنية ويعني هذا المصطلح أن كل ممارسة مهنية تحتاج لتدخل مع الأفراد والجماعات و المجتمعات أما التدخل المهني فله معاني كثيرة، تتمثل فيما يلي :

(١) النشاط المهني : وهو يتعلق بتطبيق الخدمة الإجتماعية الذي يقوم به الأخصائي الإجتماعي مع الأفراد والجماعات والمجتمعات (كأساس للخدمة الإجتماعية التقليدية)، وذلك بالتركيز على النشاط .

(٢) الإسهامات المهنية للأخصائي الإجتماعي في المؤسسات الإجتماعية (أي مقدار إسهاماته بدور معين في المؤسسة.(وهذا المعنى يركز على الدور).

(٣) التصرفات المهنية (السلوك المهني) للأخصائي الإجتماعي في أي ميدان من ميادين الخدمة الإجتماعية .

وهذا ما يجري توضيحه في الرسم التالي :

(نشاط) يقوم به الأخصائي يترجم إلى (سلوك مهني) ويترجم إلى نوع من (الإسهامات) أي نوع من الأدوار .

نشاط يقوم به الأخصائي (بداية)

سلوك مهني (وسط)

نوعية الإسهامات والأدوار (نهاية)

مواقف التدخل:

يتم التدخل المهني في عدد من المواقف، مثل ما يلي :

١- التدخل في مواقف النزاع، الصراع، التوتر، التشاجرات، في الجماعة: فهو أي الأخصائي الإجتماعـي يتـدخل لفك وفض هذا النزاع بالطرق السلمية وليس بالعنف،وقبل أن يتحول النزاع إلى أزمات. (مواقف النزاع)

٢- موقف وضع الحدود للأفراد (ضبط الأفراد أو الجماعات) : (مواقف الضبط) فمن المعـروف أن لكـل فـرد حدود في الحياة، وهـو بحسـب مقـدار مـا يملكه مـن حريـات وسـلطة.وأحيانـاً بعـض العمـلاء يتعدون حدودهم،فيتعدوا على حريات وسلطات الآخرين.

إن خروج الفرد عن إطاره يعني تعديه على حريات سلطات الآخرين

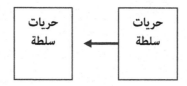

وبعض العملاء يتسمون بالإنحراف والعنف ولا يعرفون حدودهم وهذه مشكلتهم الأساسية، فلا يعرفون حقوقهم وواجباتهم، فعلى الأخصائي الإجتماعي التعامل معهم، وتعريفهم لحدودهم حتى لا يتعدوا على الآخرين.

٣- التدخل للمساعدة في وضع البرامج والخطط: (مواقف البرامج) فالمفروض على الأخصائي الإجتماعي عند تعامله مع الأطفال أو الشباب أو المسنين أن لا يضع البرامج أو الخطط،لكنه يقوم بالمساعدة في وضعها، ففي بعض الحالات يحصل انهيار لبعض الأفراد أو لجماعة معينة أو مجموعة من العملاء عندما توضع الخطط والبرامج .ففي هذه الحالة (هـل سـيتركهم الأخصائي يـدمرون حياتهم ولا يتدخل؟) إنما عليه التدخل المهني الكامل لوقف هذه الحالة بوضع برامج وخطط بديلة للحياة .(كأن يكون فرد يحاول الإنتحار، ويرى أنه هو الحل الوحيد وليس لديه البديل ـ وهنا يضع له الأخصائي الاجتماعي بدائل في البرامج، كذلك في حالة الجماعة، يرى الأخصائي الإجتماعي أنها مفككة.في حالة الإنهيار، فعليه العمل لإعادة التجانس للجماعة.

٤- التدخل في موقف انهيار القيم وانهيار معدلات التنشئة الإجتماعية: (موقف إعادة التنشئة) فعلى الأخصائي الإجتماعي العمل لإعادة التنشئة الإجتماعية لمن يحتاجها من الأعضاء خاصة المعرضين للإنحراف ، فيكون التدخل لتدعيم القيم المرغوبة والمواطنة الصالحة، فيجب أن يساعدها على تجنب الإنحراف قبل حدوثه.

٢- نموذج حل المشكلة في الممارسة المهنية

هناك نموذج لحل المشكلة يتوافر على ثلاثة عناصرهي:

* الدافعية: حوافز لحل المشكلة ـ معنوية أو مادية.

* الفرص: بدائل الحل ـ الإختيارات ـ فرص الحل لا بد من اختيار بدائل الحل والإختيار الأمثل.

* الطاقة: لا بد أن تكون عند الأخصائي الإجتماعي قدرات وإمكانيات للعمل والحل،وكل إنسان لديه القدرة والطاقة على الحل.

ولا يكون حل مشكلة دون توافر هذه العناصر.

* وتكلم هيلين بيرمان عن عناصر لحل المشكلة من خلال نموذج five p:

ولا بد من توافر هذا النموذج لحل المشكلة في الخدمة الإجتماعية والإجتماع الإنساني .

(١) person (وهو الشخص العميل):

فلا بد من توافر عميل حتى يكون هناك مشكلة، أي شخص يعاني من مشكلة.

(٢) profitional (وهو الشخص المهني : الأخصائي الإجتماعي):

وهو الذي يساعد في حل المشكلة (شخص مساعد على حل المشكلة).

(٣) problem (المشكلة) :

وهي المشكلة التي يعاني منها الشخص العميل ولم يجد الشخص الذي يساعده في حل المشكلة.

(٤) place (المكان) :

وهي الساحة التي نعمل فيها على حل المشكلة ،فالمشكلة لـن تحـل إلا داخـل المؤسسة،فالمشكلة محصورة في المؤسسة.

(٥) process (العمليات والأساليب المستخدمة في الحل):

فكل مشكلة حتى ننظر إليها كمنظومة ونظرة موضوعية لا بد من تحليل العناصر الخمسة السالفة الذكر .

ولتحليل أي مشكلة لابد من تحليل الإجابة على الأسئلة (five p)

١-   من الشخص الذي يعاني ؟

٢-   من الشخص الذي يساعد؟

٣-   ما طبيعة المشكلة المراد حلها؟

٤-   في أي مكان يمكن حل المشكلة؟

٥-   ما الأساليب المستخدمة لحل المشكلة؟

وسنحاول تحليل النموذج من خلال الإجابة على الأسئلة السابقة فيما يلي :

أولاً: الشخص :

تهتم هيلين بيرلمان بتقسيم العملاء إلى :

١- عملاء يمكثون في المؤسسات (المؤسسات الإيوائية /الأحداث المنحرفين /المسنين).

وهم العملاء الذين يدركون أنهم يعانون من مشكلة وعلى درجة عالية من عدم الثقة بالذات وهـم داخل المؤسسات. وهؤلاء العملاء من السهل جداً مساعدتهم وهو أقل مراتب حل المشكلة يعترفون بوجود المشكلة وهذا الإعتراف بوجود المشكلة هو أول مراتب العلاج

هناك عمـلاء لا يـدركون ولا يعترفون بوجـود المشكلة ولـديهم مقاومـة شـديدة: ويعتقـدون أنهـم مظلومون وأن هذا المجتمع ساخط عليهم، ومن الصعب مساعدتهم، وحتى نستطيع مساعدتهم لابد من مساعدتهم على الإعتراف بوجود المشكلة، في بداية العمل معهم.

٢- عملاء ينتمون إلى المؤسسة ويعتقدون أنهم يعانون من مشكلة وهم من خارج المؤسسة.

٣- عملاء خارج المؤسسة يأتون إلى المؤسسة، ولكنهم غير مقتنعين بأن الأخصائيين يستطيعون مساعدتهم في حل مشاكلهم، وبقدرة الأخصائي الإجتماعي على المساعدة.

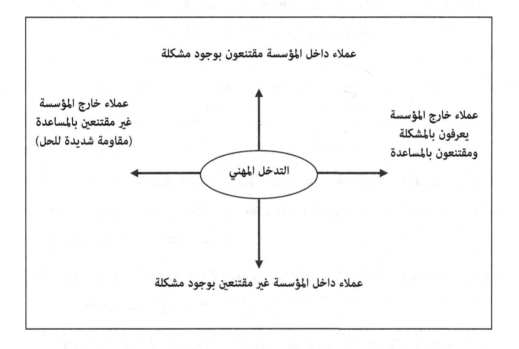

فعندما يعمل الأخصائي الإجتماعي يجب أن يرى أي نمط من العملاء الذي سوف يتعامل معه وهل العميل مقتنع بالأخصائي الإجتماعي وبالمساعدة ؟وهل العميل راضي عن المساعدة؟ وهما سؤالان مهمان للعمل المهني .

السؤال الأول ـ يعبر عن شعور العميل + الإقتناع

السؤال الثاني ـ يعبر عن معتقدات العميل ونوع العميل + الرضا

وهل العميل راضي عن ان الأخصائي الاجتماعي يساعده... وليست لديه درجة الرضا عن الـذهاب إلى المؤسسة وأفكاره غير راضية عن المساعدة...

ثانياً : المهني (الأخصائي الإجتماعي) :

لابد أن يكون عند الأخصائي الإجتماعي شروط للمساعدة ... ولا بد أ، تكون لديه خبرة لمساعدة العملاء . المشكلة أن العميل أصبح في تقارب مع الأخصائي الاجتماعي في المهارات والخبرات .

وعندما تحدثت هيلين بيرلمان قالت أنه لا بد أن يكون الأخصائي الإجتماعي أعلى في المستوى من العميل ، فلا بد أن يكون عند الأخصائي الإجتماعي اسلحة مهنية وأدوات غير متوفرة عنـد العميـل مثـل الأسـاليب المهنية. في ضوء ذلك لدينا الاتجاهات التالية:

(١) يمكن أن نلوم الضحية ونتعاطف معه في نفس الوقت،ونقبله كإنسان وبظروفـه،وليس سيء هـذا الإتجاه،وذلك خارج نطاق التبني.

(٢) يمكن أن نلوم الضحية ونتعاطف مع النظم الإجتماعية، وهذا الإتجاه ظالم.يظلم العميل ويرى أن العيب في العميل ،وهو إتجاه سلبي وغير مقبول في التيار الحديث.لأنه ضد مصطلح الضحية.

(٣) يمكن أن نلوم النظم ونتعاطف معها.نقول أن النظم الإجتماعية بجميع أنواعها الأسري /السياسي/الديني ملامة، ولكن مع ذلك نتقبلها..

(٤) يمكن أن نتعاطف مع الضحية ونلوم النظم إجتماعية السائدة.

ويوضح الشكل التالي طبيعة تلك الاتجاهات:

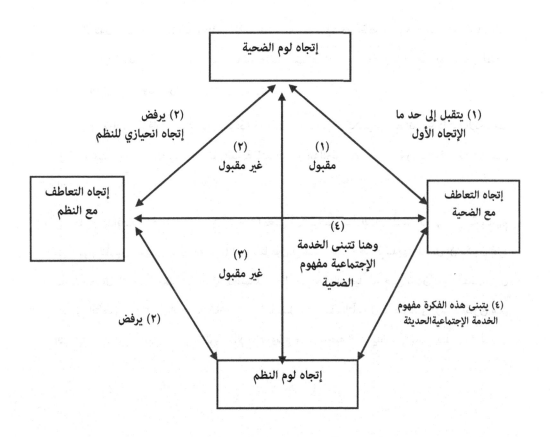

ثالثاً : النقد الموجه للنموذج:

يوجه إلى هذا النموذج عدة إنتقادات من بينها :

١- أن هذا الإتجاه لا يفيد كل الدول ولكنه يفيد نمط معين من الدول لها ظروف معينة حيث أنه:

أ- يفيد الدول حديثة الاستقلال أو الساعية إلى التنمية والتطوير .

ب- بعض الدول التي تحب التغيير دائماً (سريعة التغيير) وهي من الدول المتطورة أصلاً.

ج- الدول التي تحدث فيها طفرة اقتصادية معينة (ويكون اقتصادها مزدهرًا) أو أنها دولة فقيرة.(كاكتشاف بترول/ذهب/غاز) أو حدثت فيها كوارث أو سيول وزلازل. فيصلح لبعض الدول ولا يصلح لدول أخرى.

(٥) التدخل في مواقف الوقاية: (نوع من الإرشاد) وهذا لمنع الإنحراف الكمي،ولمنع اتساع دائرة الإنحراف وإيقافه عند حدود معينة.(مثل تدخل الدولة لمنع انتشار انفلونزا الطيور)لأن الوقاية أقل تكلفة من العلاج.

(٦) التدخل في مواقف التأهيل : (نوع من التوجيه) يعني أن البعض من الناس ليس لديهم دراية بأنهم محتاجون لتأهيل (نفسي ـ اجتماعي ...) أي محتاجون لإعادة تأهيل الحياة لديهم (مثل أن يكون فرد معاقًا فيحاول الإنتحار) فعلى الأخصائي الإجتماعي عمل نوع من التأهيل له حتى يكون لديه بصيرة. إن (الوعي التأهيلي) نوع من التوجيه كأن يكون التأهيل للأمومة، التأهيل للأخوة، والإرشاد أقوى من التوجيه - يتضمن جانبين عملي ونظري، فالإرشاد أوسع من التوجيه الذي يتضمن جانب نظري فقط - .

أهداف التدخل المهني :

ينقسم إلى ثلاثة أنواع أو مستويات.. والتدخل على المستوى ٢ + التدخل على المستوى ٣ـ يؤدي إلى التدخل مع المستوى الأول، أي يقربنا إلى المستوى القريب .

١- المستوى الأول : التدخل المهني على المدى البعيد :

وهذا المستوى قسّمه العلماء إلى ثلاثة أهداف :

أ- هدف علاجي .

ب- هدف وقائي.

ج- هدف إنمائي (إنشائي): اي تنمية قدرات وإمكانيات الناس، ولو نظرنا إلى أدوار الأخصائي الإجتماعي سوف نراها ذات دور علاجي ووقائي وإنمائي. وفي هذا المجال يجب على الأخصائي الإجتماعي كشف ما لديهم من إمكانيات وفك أسرار الشخصية في الداخل وهذا الهدف يترجم إلى هدف متوسط

٢- المستوى الثاني: التدخل على المدى المتوسط (متوسطة الأجل):

أولاً : أنماط التدخل المهني (أنواع الممارسة المهنية):

١- التدخل المهني المباشر مع العملاء :

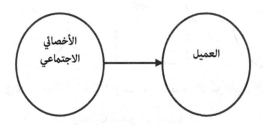

٢- التدخل المهني غير المباشر مع العملاء:

٣- التدخل المهني المباشر مع فريق العمل :

إن الأخصائي الإجتماعي في هذا الموقف لا يستطيع التأثير في العملاء أو العمل وحده إلا من خـلال فريـق العمل.

٤- التدخل المهني بالتعاون مع النسق نفسه:

فالأخصائي الإجتماعي في هذا الموقف لا يستطيع مساعدة العملاء إلا من خلال النسق نفسه. يعنـي ذلـك أنه يمكن أن يغيّر في لوائح أو تعليمات أو إرشادات النسق أي تسهيل النسق

لكي يتم إشباع حاجاته من خلال النسـق، لأن بعـض (المؤسسـات) أو الأنسـاق معقدة،فالأخصائي الإجتماعـي يساعد العميل على تسهيل إجراءاته داخل النسق، من خلال تأثيره في النسق نفسه.

٥- التدخل المهني المتكامل:

أي يتدخل الأخصائي الإجتماعي عن طريق أكثر من عنصر.

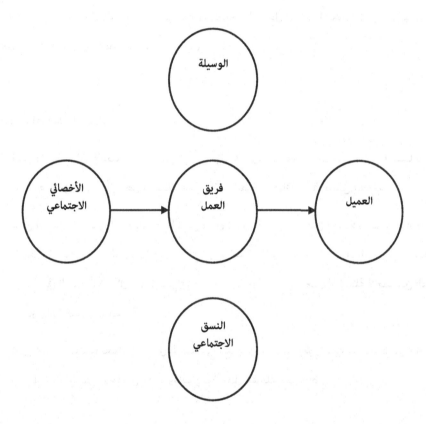

أي يتدخل ويستخدم الوسيلة أو فريق العمل أو النسق (إجتماعي وذلك للتأثر في العميل بالشكل المتكامل.وذات النوع أشبه بالممارسة العامة.

فهناك خمسة أنواع للممارسة المهنية (التدخل المهني)،فلابد أن يختار الأخصائي الإجتماعي النوع الظرف في الوقت المناسب.

إذ لو كان الأخصائي الإجتماعي غير متخصص في مجال معين يتبع (التدخل المهني المباشر مع فريق العمل) إذًا لو كانت المشكلة معقدة ومتشابكة يستخدم (التدخل المهني المتكامل) فهناك مواقف معينة تقتضي منه التدخل بنوع معين من أنواع التدخل .

رابعاً: أنساق التدخل المهني:

(١) **نسق المشكلة:** أن الأخصائي الإجتماعي أول ما يؤثر فيه وما يضعه نصب عينيه هو (المساعدة في حل المشكلة).لكن عندما يأتي لحل المشكلات، يرى أنها تلتصق إلتصاقاً وثيقاً بنسق العملاء

(٢) **نسق العملاء:** فالنسق الأول مرتبط بالنسق الثاني أي أن كل نوعية من العملاء لها نوعية معينة من المشكلات (المعوقين،الأطفال،المراهقين...) أي أن الأخصائي الإجتماعي إذا ما أراد التأثير في المشكلة لا بد أن يؤثر في العملاء،(لأن كل منهما يؤثر ويتأثر بالآخر)، فإذا ما أريد حل المشكلة لا بد من العمل مع نسقين (المشكلة) و (العملاء) .

(٣) **نسق الهدف:** عندما يعمل الأخصائي الإجتماعي مع جماعة معينة يكون لديه هدف، فليس هناك مشاكل يتدخل لحلها،فليس تدخله في كل الأوقات يكون لحل مشكلة،ففي بعض

الحالات لا يوجد هذا النسق (نسق المشكلة)،لذلك يتطرق إلى نسق بديل إذا لم يكن هناك مشكلة وهو (نسق الهدف).فأي هدف يكون المراد منه تغيير

(٤) **نسق التغيير:** فالهدف عادة يرتبط بنسق آخرهو نسق التغيير. فإذا لم يكن هناك مشكلة فسوف يتم العمل من خلال النسقين الآخرين وهما (نسق الهدف ـ نسق التغيير). وقد يكون التغيير مادياً وقد يكون معنوياً، وقد يكون تغييراً في شخصية العملاء أو الأجهزة أو المؤسسات أو... إلخ. فالأخصائي الإجتماعي يكون أمامه هذين النسقين مرتبطين معاً أحياناً. وأحياناً يمتلك الأخصائي مشكلة يريد أن ينهيها ثم يحقق هدف ما. وأحياناً إذا أراد حل المشكلة يكون لديه طموح أكثر بتحقيق هدف وتثبيت حل المشكلة. أي تحقيق هدف بعيد المدى. فيصبح لديه هدفين:

أ)   ـ قريب ـ وهو حل المشكلة.

ب)   ـ بعيد ـ وهو تحقيق هدف لا يكرر ظروف المشكلة مرة أخرى.

(٥) **النسق المهني:** يعمل الأخصائي الإجتماعي يعمل مع الأنساق أي نسق العمل نفسه، أي العمل مع الأنظمة لتغييرها. وعند ذلك يضع نصب عينه النسق المهني.

(٦) **نسق العمل:** أي مساندة ومساعدة وتدعيم من المؤسسة وفريق العمل لمساعدة الأخصائي الإجتماعي ، تعتبر تلك وسائل تدعيمية لحل المشكلات وتحقيق الأهداف. (المؤسسة+ فريق العمل) وتسمى هذه الأنساق بالأنساق المدعمة للتدخل.

وهي تتمثل في:

(أ)   تدعيم الذات: أي تدعيم الذات وتقوية إرادة الناس على التحدي.

(ب)   الرعاية الذاتية: أي التدخل لإيصال الناس إلى الإعتماد على أنفسهم.

(ج)   الرعاية البديلة: (كالأسر البديلة أو الأم البديلة أو الأب البديل أو المرافق البديل للمسنين). يكون التدخل فيها ليسد الثغرات في بعض النظم كالأسرة.

(د)   الرعاية المؤسسية : ترعى بعض المؤسسات في الخدمة الإجتماعية بعض الناس لمنع بعض الإنحرافات.

المستوى الثالث: التدخل على المدى القريب:

ويتم فيه تصميم الدراسات التي تتناول الآتي:

(١)   مساعدة الناس المعرضين للإنحراف: مثل فئات متطرفة الأفكار.

(٢)   مساعدة الفئات المحرومة: والحرمان نوعان مادي ومعنوي، بعض الناس محرومين من الحنان، وبعضها محروم من المال فهنا الأخصائي الإجتماعي يصمم عمله لمساعدة هذه الفئات.

(٣)   مساعدة الفئات التي لها رهبة المستقبل: كالأسرة المهددة بإنهيارمنزلها في أي وقت، أو الفئات المعرضة للطلاق، أو وجود مشاجرات كبيرة بين الزوجين.

تتوفر لدى الخدمة الاجتماعية أساليب مهنية مثل العصف الذهني وأعلى مستوى في التكنيكات المهنية النمذجة ولعب الدور والإفراغ الوجداني و التمارين السلوكية تساعد العميل فيها على التخلص من سلوكيات معينة.

عناصر حل المشكلة.

تتوفر في الأخصائي الاجتماعي الشروط التالية:

(١) يجب أن يكون مميزًا عن العميل وهذا النموذج يشترط في الأخصائي الإجتماعي أن يكون أكثر كفاءة من العميل، ويكون مميزاً بقدراته وإمكانياته...

(٢) يجب أن يكون قادرًا على تكوين علاقة مهنية: فلا بد أن يكون لديه قدرة على بناء علاقة مهنية، لأنها مهمة جداً في نموذج حل المشكلة، لأن العميل لن يطلب من الأخصائي الإجتماعي حل مشكلته إلا إذا كانت هناك علاقة مهنية قوية بينهما. فالبعض لديه قدرة على تكوين علاقة مهنية لكن لايتضح له ذلك إلا عند الممارسة.

ولكي يكون لديه القدرة على تكوين العلاقة المهنية لا بد من وجود عنصرين هما: الجاذبية واستمرار العلاقة.

وتلزم الجاذبية لتكوين هذه العلاقة أي جذب العميل، أي احساسه بأنه محتاج الأخصائي الإجتماعي لاستمرار العلاقة، أي قادر على تثبيت العلاقة.

(٣) أن يكون لديه القدرة على ضبط النفس: أي أن يكون لديه قدرة كبيرة على الضبط الإنفعالي أي قادر على السيطرة على نفسه وذاته.. فهناك مواقف تتسم بالإنفعال أو المحرجة فلا بد من الأخصائي الإجتماعي أن يضبط مشاعره أي لايصرف هذه المشاعر. فلابد أن لا يكون لديه اللامبالاة أو العصبية، أي يتسم بالحكمة وضبط الذات للتحكم فيها. أي لحل المشكلة لا بد أن يكون مميزاً خارج نطاق المشكلة، وهذا يتطلب منه أن يتحكم في نفسه وتصرفاته.

فالعميل داخل المشكلة والأخصائي الإجتماعي خارجها، فإذا لم يضبط نفسه يصبح مثل العميل داخل المشكلة، فلا يستطيع حل المشكلة.

ثالثًا: المشكلة:

وهي عبارة عن موقف يعاني منه العميل. بعض العلماء يعرفّونها بأنها (المسافة بين الوضع الحالي والوضع المأمول أو المثالي أو المتوقع)

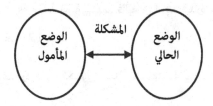

فإذا كان الفرق كبير- فيعني أن المشكلة كبيرة، وإذا كان الفرق قليل - فيعني أن المشكلة بسيطة.

فالمشكلة ليست أزمة وليست إضطرابات. وهناك تعريف ثاني للمشكلة يعتبرها الوسط مابين الإضطرابات والأزمات ليست إضطرابات وليست أزمة. فالإضطرابات هي بداية المشكلة (الحد الأدنى للمشكلة) والأزمة هي نهاية المشكلة (الحد الأعلى للمشكلة) حد قوي وعنيف.

هناك حدان للمشكلة هما:

١. حد بسيط - هو بدايتها.

٢. حد قوي عنيف - هو نهايتها.

فالمشكلة لو لم تُحل قطعياً تتحول إلى أزمة. لكن ليس كل المشكلات تتحول إلى أزمات، إلا إذا تراكمت ولم تحل. والمشكلات متعددة (إجتماعية/ اقتصادية/ شغل وقت فراغ/ ...). وللمشكلات خصائص معينة.

* يرى نموذج حل المشكلة أن المشكلة لها خصائص، يمكن تصنيفها على النحو التالي:

(١) إن المشكلة لا توجد بمفردها ولكنها تكون ضمن شبكة من المشكلات: فإذا وجدت مشكلة لدى العميل، فتأكد من وجود مشكلات أخرى لديه، لكنها لم تظهر إلى السطح، أي لا زالت كامنة. فالمشكلات كالإنسان، فالإنسان لا يكون بمفرده كذلك المشكلات الموجودة لدى الانسان ليست منعزلة.

(٢) لكل مشكلة زاوية وأبعاد متعددة: لكي تحل المشكلة علينا الإلمام بهذه الزاويا والأبعاد كلها. مثال: مشكلة الطلاق:

أ- البعد الأسري: سوف تتفكك الأسرة وتشرد الأولاد وسوف يكونون هم الضحية.

ب ـ البعد الإقتصادي: فالزوجة بعد الطلاق لا تكون لديها الكفاءة الاقتصادية لكسب الدخل المادي.

ج ـ البعد القانوني : هل تدرك المرأة حقوقها.. وهل هي مستعدة للوقوف أمام المحكمة؟

د ـ البعد الإجتماعي : هل المرأةالمطلقة مستعدة ومتقبلة لأن تكون كذلك في المجتمع .. ما هو مستقبلها القادم، في المجتمع ؟

هـ ـ البعد الديني: ما هو موقف الدين من هذا الطلاق؟ هل هي طلقة بائنة نهائية لن يعود فيها الزوج لزوجته؟

على الأخصائي أن يعّرف العميل على أبعاد وزاويا المشكلة.

(٣) أن أي مشكلة لها أسباب: لكي يتم حل مشكلة يجب التعرف على أسبابها عـن طريـق عمليـة التشـخيص والتقدير . فالمشكلات بمثابة البقع السوداء في العلاقات الاجتماعية. فهناك شـبكات مـن العلاقـات داخـل الأسرة والمشكلة هي البقعة السوداء الموجودة في شبكة هذه العلاقات، حتى يمكن الكشـف عـن أسـبابها ينبغي التعرف على جميع الأبعاد الخاصة بها.

(٤) أسباب المشكلة لها أولويات: فهناك أسباب مباشرة (جديدة) وهناك أسباب غير مباشرة (قديمة)، فالمباشرة لا بد من اكتشافها وكذلك السبب الثاني النائم غير المباشر الموجود من فترة سابقة، فالجديـد هـو السـبب المباشر أما غير المباشر فهو القديم. مثل : انسان مظلوم يظل ساكتًا إلى أن يأتي موقف ينهار فيه ولـو كـان سبباً بسيطاً وهذا هو السبب المباشر.

(٥) أن المشكلة على الرغم من أن لها نواتج سلبية جـداً ، إلا أن المشـكلة يجـب أن تصـنف إلى فئـات:فهنـاك مشكلات هامة وغير هامة أوهناك مشكلات عاجلة أوغير عاجلة.

رابعاً: العمليات :

يسعى الأخصائي الإجتماعـي في حـل المشـكلة إلى إعـادة التوافـق الإجتماعـي والنفسيـ للعميـل. و يمكـن الإنسان حل المشكلة عن طريـق تقليـد الآخـرين، أو بـاللجوء للقـانون، أو تكـرار الحـل السـابق للمشـكلة، أو بتأجيلها، أو بالهروب منها. لكن أفضل أساليب الحل هو (إعادة التوافق).

فهناك أمران ينبغي إدراكهما:

فالتكيف: هو عدم التأثير على البيئة، أي التغيير في شخصية العميل بما يريح البيئة أما التوافق: أي أن نؤثر في العميل وعلى البيئة، تعديل في الشخصية وفي البيئة.

حيث أن المشكلة خليط من البيئة والذات، فالمشكلة ناتجة عن ظروف شخصية وبيئية والتفاعل بينهما. ولإنجاز عملية التوافق لا بد من المرور بالمراحل التالية:

(١) الإتصال والتعاقد: اتصال بالعميل من خلال المقابلة الأولى، ثم التعاقد معه، ثم تكوين علاقة معه.

(٢) التنفيذ: أي تنقيذ الحل، ومن خلال هذه المرحلة يتم:

أ: اكتشاف أسباب المشكلة أو مواطن الضعف عند العميل.

ب: وضع إختيارات أو تصورات أو بدائل للحلول.

ج: اختيار الحل الأمثل أو الأفضل.

د: إشراك العميل في جميع خطوات حل المشكلة.

(٣) مرحلة التقويم والمتابعة: في هذه المرحلة من السهل الوصول إلى حل المشكلات، لكن من الصعب أن يكون الحل هو الحل الأمثل والأفضل. أي التأكد من أن الحل الذي تم اختياره هو الحل الأمثل بين الحلول السابقة. لأنه لو تم اكتشاف أنه ليس الأمثل نختار الحل السابق أو الأقرب لحل المشكلة أو (الذي يليه في الأهمية وهو الحل البديل). والتأكد من عدم تكرار المشكلة مرة أخرى، أوعدم ظهورها مرة أخرى.

والمتابعة والتقويم كنوع من الوقاية من ظهور المشكلة مرة أخرى و(كنوع من الحل الذاتي) تعلم العميـل إذا ما ظهرت المشكلة مرة أخرى فعليه أن يقوم بحلها بمفرده دون الإعتماد على غيره.

تتمثل فائدة هذه العملية في مساعدة الأخصائي الإجتماعي للعميل على حل مشكلته، وليس القيـام بحـل المشكلة، نيابة عن صاحبها.

خامساً : المؤسسة :

إن الحل لايأتي إلا من داخل المؤسسـة، فالمشكلة يجب أن تحـل في إطـار المؤسسـة. وهـذه المؤسسـات تختلف من خلال نوعية التبعية (إختلاف المؤسسات) :

(١)   نوعية التبعية :

حكومية / أهلية / مشتركة.

(٢)   هل لدى المؤسسة إمكانيات للحل :

أما أن الحل يحتاج إلى إمكانيات أضخم من خدمات وإمكانيات المؤسسة.

(٣)   هل هناك فريق عمل :

يقوم بمساعدة الأخصائي الإجتماعـي عـلى حـل المشكلة (مثل المستشفى: هنـاك فريق عمل : طبيب/ إدارة/ ممرضات..).

(٤) هل ظروف العمل تسمح للأخصائي الإجتماعي بالعمل مع أكثر من حالة أو أكثر من جماعة ؟

(٥) هل شروط المؤسسة تنطبق على العملاء أم لا :

وذلك حتى لا تخالف لوائح المؤسسة، لأن بعض العملاء يتجاوزون على القانون، ويورطوّن الأخصائين (مثال: أن بعض العملاء يطلبون من الأخصائي الإجتماعي مساعدتهم لعدم قدرتهم على دفع تكاليف العلاج، ويدخلون الممؤسسة للعلاج، ثم يطلبون من الأخصائي الإجتماعي أن يدفع عنهم، ثم يتورط الأخصائي الإجتماعي لأنه خالف الشروط التي تقول أنه لا بد من دخول العملاء للمؤسسة أن يكونوا قادرين على الدفع، فمن ضمن الشروط أن العميل لابد أن قادرًا على الدفع.

٣ - نظام الأولويات

يتناول الأخصائي الإجتماعي العديد من المشكلات المترابطة والمعقدة ولحل مشكلة ونظام الأولويات تخير اختيار المشكلات الأكثر إلحاحاً.

* كيف يمكن وضع الأولويات :

قد يصادف الأخصائي الإجتماعي العديد من المشكلات المعقدة فكيف يمكن وضع نظام الأولويات، فعند حل مشكلة لابد من وضع نظام الأولويات. ويتكون من:

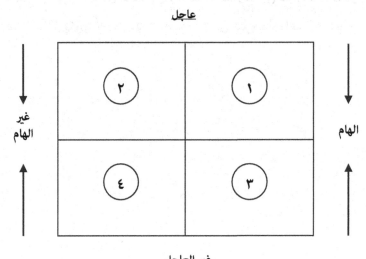

هناك مربع الأولويات الذي يتكون من مجموعة من النقاط ويتكون من الغرف التالية:

(١) الغرفة الأولى : تجمع بين شقين (الهام ـ العاجل) وهذه قمة الأولويات. وهي مشكلة مهمة . فنرى حل هذه المشكلة عاجلة أو هامة. فهذه أول المشكلات التي يجب حلها. (قمة سلم الأولويات).

(٢) الغرفة الثانية : تجمع بين (عاجلة ـ غيرهامة) نضعها في المراتب الثانية أو الثالثة فهي مشكلة غير هامـة ـ فالمشكلة هنا عاجلة ـ ولكنها غير هامة وينطبق نظام الحياة مع هذه الغرفة لا يجوز تأجيلها نتيجة لعدم وجود أضرار هامة.

(٣) الغرفة الثالثة : تجمع بين هامة ـ غير عاجلة. ويجوز تأجيلها للتأني في دراسة أبعاد المشكلة وحلها واتخاذ القرار الرشيد.

(٤) الغرفة الرابعة : توجد فيها المشكلة غير الهامة وغير العاجلة، ويجوز تأجيلها دون قلق وتكـون المشـكلات من هذا النوع معتادة أي اعتاد الناس عليها يومياً. وهي أسفل سلم الأولويات.

ولذلك عند وجود مشكلة يجب أن نسأل هل هي هامة أو هل هي عاجلة وفي أي غرفة من هذه الغرف نضع المشكلة وبناءاً على نوعية الغرفة نضع المشكلة. ولابد من وضع سلم الأولويات وهـو مـن أهـم عمليـات التخطيط والعلاج للمشكلات مع وحدات العمل في الممارسة المهنية.

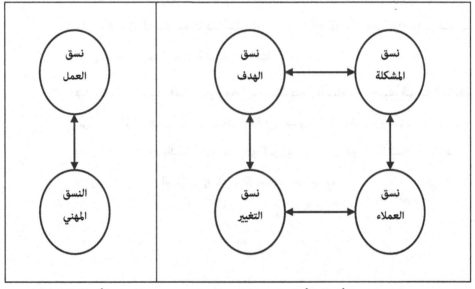

الأنساق الأساسية ...... الأنساق الداعمة

٤- عمليات النمذجة

وهناك أربعة عمليات للنمذجة، وهذه العمليات متداخلة ولا يمكن الفصل بينها، كما يتبين فيما يلي:

(١) عملية الإنتباه: فعادة ما تبدأ النمذجة بالإنتباه. وهو التركيز على شيء معين أو التمييز بين الملاحظات أو بين المشيرات، وحين يقوم الفرد بالتمييز والتفريق بين شيء وشيء فهو يعني الإنتباه. فالنمذجة لكي يتم التمييز فيها، لابد من الإنتباه. فالإنسان تمر عليه آلاف المثيرات في اليوم، وهذه المثيرات تجهد العقل، وإنتقاء مثيرات مميزة، والإنتباه أول مرتبة للنمذجة.

وهناك عوامل تؤثر في عملية الإنتباه، أحاول إجمالها على النحو التالي:

١. صفات القدوة: صفاته وأفعاله وأقواله وعاداته وإتجاهاته وميوله وشخصيته تفرض الإنتباه لهذا الشخص.

٢. صفات الملاحظ: تلك التي تفرض الإنتباه وحسن التركيز والإنتباه (كأن يكون دائم الحركة، مشتت الذهن، لا يستطيع التركيز على شيء معين لمدة طويلة) وهذه الصفات ليست موجودة عند جميع الناس، لكن يمكن تعلمها.

٣. نوعية وطبيعة النشاط: فهناك أشياء محببة، وهناك بعض الأشياء غير محببة، فنوعية الأنشطة هي التي تفرض حسن الإنتباه. هناك علاقة بين حسن الإنتباه والتركيز وعشق أو حب شيء معين (المسلسلات). والنشاط المحبوب هو الذي يفرض حسن التركيز والإنتباه، والنشاط غير المحبب يفرض عدم التركيز والإنتباه. (مثل مباراة كرة القدم)

(٢) عملية التذكر (أو الإحتفاظ) : ومن مشكلات هذا التكنيك (النمذجة): إن حسن التذكر ليس موجوداً عند بعض الناس. فقد يلاحظ الإنسان من القدوة أفعاله ولكنه ينساها ولا يتـذكرها أويحـتفظ بها. لعدم استخدام الطرق الجيـدة في حفـظ المعلومـات بأسـلوب جيد (أسـلوب الترميز) أو تمييـز المعلومات، أو تحديدها، أو ترقيم المعلومات المنحصل عليها من الإنتباه. لأن المخ فيه تراكم مـن المعلومات، أي أنه عندما ندخلها في العقل لابد من تمييزها وترميزها حتى لا ننساها وحتى لا تتيه. ومشكلة أغلبية النـاس هي عدم القيام بترميز المعلومات. فالقدوة أو النمذجة يجب أن يتم فيها ترميز المعلومات المتعلمة منها. وهناك وسيلتين تساعد على حسن التذكر:

١. التكرار(الإستعادة).

٢. التدوين (التسجيل).

(٣) عملية التمثيل الرمزي (أو التمثيـل الحـركي): أي تطبيقهـا. أي التـدريب عـلى تنفيـذ الحركـات وتعبيرات وألفاظ وسلوكيات القدوة، أي تمثيلها والتنفيذ التطبيقي أو الرمزي، أي استدعاء الشيء الـذي اقتـدينا بـه. أي تقليد بعض السلوكيات الرمزية المميزة للقدوة؛ فقد ننجح في تمثيل شيء وقد لاننجح في بعض الأشياء.

(٤) الدافعية : أي لا بد من أن ترتبط العمليات الثلاث السابقة بالدافعية لتقليـد ومحاكاة القدوة. والحـافز (أي الحافزية ورغبـة داخليـة نابعـة مـن الطبيعـة والشخصية والحاجـات والرغبـات الشخصية وليست مفروضة على الفرد).

وترتبط الدافعية بأمرين هامين هما :

١. مقدار الإكتساب.

٢. مقدار الأداء.

إن الإكتساب والأداء دائرتان متداخلتان ومرتبطتان عند (الأطفال)، لذلك فإن الأطفال لديهم قدرة كبيرة على التقليد. ما يكتبه الأطفال في الدافعية يتم تطبيقه دون تفكير.(فالإكتساب = الأداء) عند الأطفال، أي التقليد الكامل، لكن عند (الكبار) فإن الإكتساب لايساوي الأداء، ويكون بتفكير في سلوكيات القدوة مع إضافة سلوكيات من شخصية الفرد المقلد، حين ينفصل الإكتساب عن الأداء تحصل فجوة، فتقل الدافعية ويظهر الفشل.

لكن حين يقترب الإكتساب من الأداء وتقترب الدائرتان، ترتفع الدافعية ويظهر النجاح إذ أن الدافعية ترتبط بمقدار المسافة مابين ماتم إكتسابه وما بين ما تم أداءه أو ممارسته، تزداد ـ حين تقل الفجوة بينهما.تقل ـ حين تتسع الفجوة بينهما، والعمليات الأربعة مرتبطة معاً. الإنتباه، الحفاظ على ماتم الإنتباه له، التذكر، زيادة الدافعية لتقليد القدوة.

فإذا ما أردنا تقليد القدوة لابد من إرتباط العمليات الأربعة معاً.

التغيرات التي ترتبط بالنمذجة أو القدوة:

* تختلف طبيعة ثقافة المجتمع من مجتمع لآخر، فالقدوة في المجتمع العربي يختلف عن القدوة في المجتع الأميركي، حسب نمط الثقافة (المكان).

* تختلف القدوة بإختلاف الأفراد ـ قد يعتبر فرد (أ) قدوة بينما الفرد الآخر لا يعتبر القدوة (أ) قدوة ولكن قدوة (ب) مثلاً تتبع النظرة الذاتية.

* تختلف القدوة حسب المراحل العمرية ، فالقدوة عند الأطفال تختلف عند الكبار حسب الخبرة. كلما اتسعت المعلومات والخبرات زادت فرصة اختيار القدوة.

* تختلف القدوة بإختلاف الفترة الزمنية ـ فالماضي قد تكون القدوة فيه تختلف عن الوقت الحاضر. في الماضي ينظرون إلى القدوة على أنه يمتلك سلوكيات معينة تختلف في الوقت الحاضر.

(٢) تتكون القدوة من مجموعة من المعتقدات (عنصر معرفي) + مشاعر(عنصر وجداني) + سلوكيات (عنصرـ سلوكي) إذ أن المعلومات تنتقل من القدوة إلى الملاحظ بالإيحاء(أفكار)، المشاعر تنتقل بـ (المشاركة)، أمـا السلوكيات فتنتقل بـ (المحاكاة).

(٣) ترتبط القدوة بالأفعال والمعتقدات والأقوال.

فمتى يكون الإنسان قدوة؟

إذا لم يكن هناك تناقضاً بين الأفعال والأقوال و إذا لم تتعارض أقواله مع المعتقدات وفلسفته في الحياة.

(٤) يمكن للإنسان إتخاذ أكثر من قدوة في كل نواحي الحياة.

ما هي مراتب أو مستويات القدوة؟

هنالك ثلاثة جوانب للقدرة هي :

١. القدوة الدينية.

٢. القدوة الأسرية.

٣. القدوة الإجتماعية.

والقدوة الدينية تؤثر أكثر من الإجتماعية ولكن الأسرية قد لا تؤثر أكثر من الإجتماعية.

(٥) إن القدوة تتوارث:

إذ أن القدوة تتوارث داخل الأسرة. أن لم يكن للآباء قدوة فلا قدوة للأبناء.

(٦) إن القدوة لها دورة زمنية في الحياة:

أي شيء في الحياة له دورة في الحياة ثم يموت، أول ما أكتسبها يؤثر فينا، وفي نهايته يقل التأثير. في مرحلة المراهقة مثلاً يؤثر فينا القدوة بشكل كبير، بينما في مرحلة الشباب بعد ذلك يضعف تأثير القدوة، القدوة قوية التأثير يقل تأثيرها إلى أقل من المتوسط ثم للأضعف ـ الموت ـ من هنا جاء البحث عن القدوة الحديثة، ليشكل دورة حياة القدوة وهي تستمر، ولكن في بعض المواقف يحبط المقتدي في القدوة. مثال :

إن المعلم قد يتخذه الطالب قدوة، ولكن قد يكتشف بعد سنوات أنه يمارس سلوكيات خاطئة، وفي هذه الحالة قد يسبب حالة اضطرابات نفسية(عدم الثقة بالنفس والناس).

٥ - تقنية المناقشة الجماعية

أولًا: تعريف المناقشة الجماعية:

هي من أهم الأساليب، وهو الإسلوب الوحيد المستخدم في الأساليب الأخرى، فأحياناً يستخدم بصفة أساسية وأحياناً بصفة ثانوية.

هو تكنيك الملح (لأنه يستخدم في مختلف التكنيكات كالملح).

التعريف ـ هو حوار كلامي أو لفظي يدوربشكل تعاوني بين مجموعة من الأعضاء من أجل حل مشكلة أو تحقيق هدف.

لابد أن يكون بشكل تعاوني على عكس الجدل الذي يدور بشكل صراع أو مناظرة، كل طرف يريد أن يكسب الآخر لو كان على خطأ.

فلنفرق بين الحديث : عادية (كلام عادي) المنافشة التي لها جدول أعمال (بشكل مقنن)، وكذلك الجدل : هو هزيمة الآخر لأسباب شخصية وأما الحديث: فهو حوار بلا هدف، ويكون للتسلية، أو لاستهلاك الوقت.

ـ وتتم المناقشة بشكل تعاوني و ترتبط بالجماعة الصغيرة أو الكبيرة وتهدف إلى حل مشكلة أو التوصل إلى قرار يهم الجميع، ف موضوع يتل بحياتهم ومصالحهم.

ثانيًا: أهمية المناقشة الجماعية:

تعود أهمية المناقشة الجماعية إلى الأمور التالية التي تحققها:

(أ) أهمية المناقشة للفرد:

تبرز أهمية المناقشة بالنسبة للفرد في الأمور التالية:

(١) يرى الفرد نفسه ويقّيم بالمقارنة بالآخرين : فالمناقشة والمقارنات مرآة تحدد له إلى أي مدى وصل من النضج والنمو بالمقارنة بالآخرين.

(٢) تعيد الثقة بالنفس: إعادة الثقة بالنفس. لن يستطيع الفرد أن يختبر نفسه إلا بالمقارنة مع الجماعة. فالمناقشة تعيد الثقة لمن فقدها.

(٣) تشكل إطاراً يمكن من خلاله إختبار مدى ثقة الفرد بنفسه، حتى يتأكد من خجله او مدى ثقته بالنفس، اختبار الثقة بالنفس أمام مجموعة من الأفراد تجرب وتختبر أثناء المناقشة.

(٤) تستخدم وسيلة علاجية للفرد: فهي وسيلة للتنفيس عما يختزنه من شحنات سالبة أو الكبت الذي بداخله، فهي وسيلة علاجية للتنفيس الوجداني.

(ب) أهمية المناقشة للجماعة:

تتبين أهمية المناقشة بالنسبة للجماعة في الأمر التالية :

(١) تتيح فكراً جماعياً أو يمكن إنتاج قرار ناضج لأنه يحمل كل الأطراف أو فكر كل الأطراف القرار الجماعي أفضل من القرار الفردي.

(٢) تتيح المناقشة الفرصة لتحقيق الجاذبية للجماعة وحب الجماعة أي الإنتماء للجماعة (يد الله مع الجماعة). وتعطي الجاذبية والحماس لانها تعطيك الولاء والإنتماء للجماعة.

إن الولاء: قمة الإنتماء، والإنتماء أول الولاء، والإنتماء ثلاث أنواع هي :

أ. إنتماء أدبي: وهو الإنتماء للجماعات بدافع الأعراف والتقاليد التي تمنع من هجر الجماعة، وهو أضعف أنواع الإنتماء.

ب. إنتماء نفسي: وهو أحب الناس أو المكان ليس على أساس العرف والتقاليد. بل بدافع المشاعر الخاصة، وهو قمة الإنتماء ويعود إلى الولاء.

ج. إنتماء التكلفة: حيث ينتمي الفرد إلى المكان، لأنه لايملك غيره أو البديل عنه، ويخشى-

الخسارة التي يفقدها إن ترك الجماعة أو المكان.

(٣) وسيلة لتحقيق الأهداف الكبيرة أو العظيمة والآمال والطموح:

مثل: المشروعات والبرامج والخطط، الأنشطة، البرامج، الخطط، المشروع، المهام.

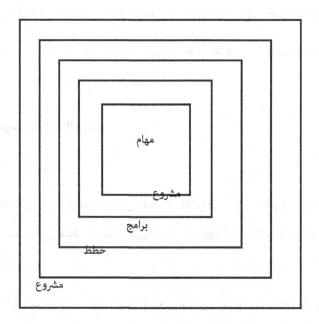

(٤) مهمة لحل المشكلات وإزالة المعوقات ولحل الصراع سواء على مستوى المجتمع والفردي أو

المجتمعي أوالإقليمي.

ثالثاً: إعتبارات يجب مراعاتها في المناقشة الجماعية.

ينبغي على الأخصائي الإجتماعي أن يراعي الإعتبارات التالية في حالة المناقشة الجماعية

(١) إن الأخصائي الإجتماعي ليس هو قائد المناقشة: فلا بد من شخص يقود المناقشة، ولا يجوز له قيادة المناقشة ولا يجوز كذلك للقائد الطبيعي تخويل الأخصائي الاجتماعي لقيادة المناقشة إذ أن الأخصائي الإجتماعي قائد مهني وليس قائداً طبيعياً أو منتخباً من الأعضاء. وإذا ما قام الأخصائي الإجتماعي بقيادة المناقشة فهذا يعني إلغاؤه لدور القائد الطبيعي.

(٢) إن الأخصائي الإجتماعي ليس هو المسؤول الأول عن نجاح أو فشل المناقشة.

(٣) إن الأخصائي الإجتماعي ليس المسؤول عن إدارة المناقشة ولكنه يوجّه المناقشة.

رابعًا: طرق إجراء المناقشة الجماعية:

١- الطريقة التقليدية:

وتسمى بذلك لأن لها جدول أعمال يحقق المناقشة،والمفروض في هذه الطريقة الإنتقال من بند لآخر في جدول المناقشة ويتم تحقيق هدف المناقشة حتى الإنتهاء من بنود جدول الأعمال.ولها بداية ووسط ونهاية. وذلك كما يوضح تالياً:

- البداية ← هي وجود هدف ووجود جدول أعمال، وحضور الأعضاء للمناقشة، وبدء القائد في إعطاء فكرة عن موضوع الناقشة.

- الوسط ← تنفيذ المناقشة بالإنتقال من بند لآخر في جدول الأعمال، وبذلك يتم تحقيق الهدف،ويتم الإهتمام بمشاركة الأعضاء, وإبداء رأيهم في المناقشة، ووجود الرأي والرأي الآخر.

- النهاية ← يتم فيها الآتي:

أ.   إنهاء جدول الأعمال

ب.   تلخيص ما تم الوصول إليه من قرارات .

ج.   تقويم المناقشة وتحديد عيوب المناقشة وإيجابياتها.

د.   وضع جدول أعمال للمناقشة القادمة أو التخطيط لها.

٢-   طريقة ٦ × ٦ (طريقة فيلبس):

تقوم فكرتها الأساسية على تقسيم الجماعة إلى جماعات فرعية، وكل جماعة تتكون مـن ٦ أفـراد،فيتم تقسيم الجماعة الكبرى إلى ٦ مجموعات.

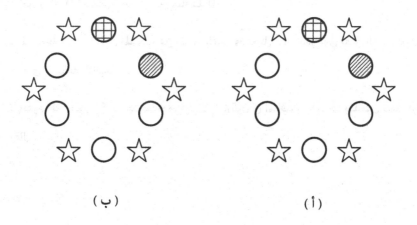

(ب)   (أ)

عدد الجماعة = ٢٤

◍ **قائد** ○ **الأعضاء المناقشين**

⊕ **أمين السر** ☆ **الاعضاء الملاحظين**

(١) حيث أن : كل شخص من جماعة الملاحظين يمسك ورقة ويسجل ملاحظاته عن الأعضاء المناقشين.

(٢) الأهم أن يكون عدد الأعضاء المناقشين ٦ أما الملاحظون فيمكن زيادتهم في حالة زيادة عدد الجماعة.

(٣) بعض العلماء يفضلون أن تكون ٦ x ٦ إي عدد أعضاء المناقشين ٦ ،و٦ هو الوقت المحدد للمناقشة أي ٦ دقائق.

(٤) الستة الأعضاء فيهم : قائد المناقشة/أمين السر/أربعة أعضاء.

(٥) يتم عرض المشكلة أو الموضوع على الجماعتين في نفس التوقيت، لكن بهدوء، كل جماعة لوحدها، ويتم تحديد زمن (مثلاً ٢/١ ساعة) للمجموعتين لمناقشة الموضوع.

- المجموعة الأولى تناقش المشكلة عن طريق القائد وتسجيل أمين السر ،وفي نفس التوقيت يحدث ذلك في الجماعة الثانية.

- ويقوم الملاحظون بكتابة ملاحظاتهم، فهم لا يشتركون في المناقشة بتاتاً، إنما يقدمون نقداً حول ما يقال .

ـ خلال هذه الفترة (نصف ساعة) يُحدد القرار، ثم يفتح باب المناقشة للنقد من خلال جماعة الملاحظين، فيفتح لهم الباب للمناقشة من أجل النقد وتطوير الحل.

ـ ثم يتم (إنقلاب الحال) ـ تتحول جماعة الملاحظين إلى جماعة مناقشين، فالذي في الخارج (الملاحظين) سوف يدخلون بالداخل، والذين في الداخل (المناقشون) سوف يخرجون إلى الخارج.

ـ وتأخذ نفس الوقت في الحل. وفي النهاية يتم جمع جميع الحلول للمجموعتين وعرضها في صورة مناقشة تقليدية. أي يتم فض ٦×٦ وترجع الجماعة إلى مناقشة تقليدية.

٦ ـ تقنية السيكودراما

إن السيكودراما نوع من التنفيس الوجداني، يقوم على استدعاء الماضي والحاضر أو توقعات المستقبل ، عن طريق تمثيل الواقع لفرد واحد (تقمص الشخصية/ الشكل المضمون).

والسيسودراما تتصف بالفردية.

تفيد هذه التقنية فيما يلي :

(١)   استخراج المكبوتات في الماضي أو معايشة الواقع أو تنبؤ المستقبل.

(٢)   تساعد على حل الصراعات الداخلية في النفس.

(٣)   تعيد الثقة بالنفس.

(٤)   تعيد تقييم العلاقات الاجتماعية.

تمر هذه التقنية في المراحل التالية :

(١)   مرحلة الإحماء (التسخين): أي (الاستعداد لتقمص أو تقليد الأخر).

(٢)   مرحلة تقليد الدور (لعب الدور) : التنفيذ الفعلي للدور.

(٣)   مرحلة تقييم الدور.

المكافأة من ممارسة سلوك القدوة أو النواتج :

العلاقة بين صفات القدوة والملاحظ وهذا يتوقف على تجارب سابقة التي يمارسها في الحياة (حـين قلـدت صفات القدوة قد نجحت، حـين قلـدت صفات القدوة فشلت ـ وهـذه تجربـة فعنـد النجاح في تجـارب الآخرين،يقوم الفرد بتكرارها.وهذه ترتبط بالخبرة.

الخبرة معناها: أن هناك مصدر تأثير نتأثر به،وهناك ربط بينهما أي وجود علاقة.الربط ما بين تأثير الخبرة ونواتجها أي اكتساب خبرة أي اكتساب قدوة.إيجاد علاقـة مـا بـين صفـات القدوة وصفات الملاحظ لإيجـاد نواتج.إي تقييم النواتج من ممارسة سلوك القدوة سواء كانت سلبية أو إيجابية، تؤثر في التقليد.

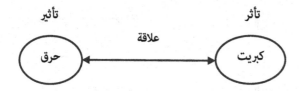

ربط ما بين الكبريت والحرق فاكتسب خبرة.

إن الـدول الناميـة لا تـزال تـؤمن بالعمـل الجماعـي: ولم تتـأثر بالـدول الرأسمالية التـي تـؤمن وتمجـد الفردية،فالدول النامية لا تـزال تمجـد الجماعـة عـلى حسـاب الفرد.وهـذه عمليـة مشجعة لممارسـة الخدمـة الإجتماعية الجماهيرية فطباع الدول النامية ـ هي العمل والـروح الجماعيـة،مما لا يجعل صعوبة في ممارسـة الخدمة الإجتماعية الجماهيرية.أي أن هناك بيئة مناسبة مهيئة لممارسة هذا النمط من الخدمة الإجتماعية.

الفصل الرابع

المهام الوظيفية للأخصائي الإجتماعي

حينما يمارس الأخصائي الاجتماعي اعماله فانه يقدم خدمات عديدة الى المحتاجين لتلك الخدمات. وبالرغم من أنه هناك من يشارك الأخصائي الاجتماعي من المهنيين أو المتطوعيين الاخرين في المجهودات المبذولة لاتاحة تلك الخدمات للافراد أو الجماعات إلا ان الأخصائي الاجتماعي يتوجب عليه ان يكون على استعداد خاص لانجاز الأدوار الخاصة المرتبطة بمهنة الخدمة الاجتماعية.

وتطلق كلمة (دور) فى قاموس الخدمة الإجتماعية لبيكر (١٩٨٧) انظر كلمة ((Role)))على ((النمط الثقافى المعين من انماط السلوك الانساني المناط بالشخص الذي يتبوا مكانه معينة)) وهكذا فسلوك الادوار مربوط بالمكانة التي يشغلها الواحد لا بالفرد الذي يشغل تلك المكانة (أي مربوط بمهنة الخدمة الاجتماعية لا بالأخصائي الاجتماعى). وكيفية تأدية الشخص لذلك الدور هي مسألة فردية للغاية وتعتمد على الربط بين الفن والعلم الذي يتقنه الإختصاصي الإجتماعي لوضعيته كمساعد.

ومن اجل تنفيذ أدوار الخدمة الاجتماعية المتنوعة فلا بد من تنفيذ مهام وظيفية وعملية. ويمكن تعريف تعبير (المهمة الوظبفية والعملية) على افضل وجه باعتبارها الواجبات المناطة والمهام او الانشطة المقترنة بدورمهنى معين ٠ وهكذايمكن للشخص أن يعمل في ممارسة الخدمة الإجتماعية يشكل فعال عن طريق فهم الأدوار التقليدية التي ينجزها الإختصائيون الإجتماعيون وبتحديد طبيعة الأدوار أو الأنشطة المتوقعة من كل أخصائي اجتماعي أن ينجزها والأهمية التي يضعها كل أخصائي إجتماعي على كل دور أو وظيفة هي صميم ذلك الدور، وهي تختلف إعتماداًلذلك الشخص على المجال المهني وتوجيهاته من حيث الطرق والواجبات الموكلة لوظيفة الأخصائي الإجتماعي داخل المؤسسة، التي يعمل لديها ذلك المشرف الإجتماعي .

ا- تحديد الأدوار المهنية :

يتم تحديد الادوار الخاصة بالمهن المساعدة العديدة كـالعلاج الطبيعـي والتمـريض والاستشـارات وغيرهـا وفقا للاعراف الاجتماعية ونوع الخدمات التى تقدمها كل مهنة من تلك المهن والنظم واللـوائح الاداريـة التـى تهم نشاطها، ويشـكل نطـاق مهنـة الخدمـة الاجتماعيـة محـدداً الادوار المتوقعـة مـن الأخصـائي الاجتماعـي . وبالرغم من ان الافراد ربما تكون لديهم طاقات استيعابية تتجاوز ادوارهم المهنية المعتادة، فـان كـل منتسـب لهذه المهنة، يلزمه ان يكون على استعداد للقيام بالأدوارالموكلة للأخصائي الاجتماعي، التـي لا بـد مـن التعـرف عليها، حينما يقوم الأخصائي الإجتماعي بواجبات وظيفته، حيث يتوجب عليـه اسـتخدام عـدة مهـام متغـايرة، وبنفس القدرة فربما يستخدم مهمة أو نشاط محدد لإنجاز أكثر من دور مهني واحد، وذلك على النحو التالي:

أولاً: مزود المهارات الاجتماعية والوظيفية:

(أ) الهدف: تزويد بالمهـارات للحيلولـة دون الوصـول الى الأوضـاع المعيشـية الصـعبة ولتحسـين ادائهـم الاجتماعي.

(ب) الوصف:

يدور معظم عمل الممارسة المهنيـة الاجتماعيـة حـول تعلـيم المسـتفيدين أفـرادا وجماعـات كيفيـة التصرف حيال الوضعيات الحياتية المزعجة أو التنبوء بالازمـات والحيلولـة دون وقوعهـا في حيـاتهم وبعض المعرفة التي يكتسبها الأخصائي الاجتماعي عبر التعليم المهني والخبرة، يـتم نقلهـا للمسـتفيد خـلال عمليـة المسـاعدة وعمليـة نقـل المعرفـة تقـوم بتقويـة المسـتفيدين، ففـي قـاموس الخدمـة الإجتماعية لبيكر (١٩٨٧ – أنظر التعبير

Educator Role) فقد تم تعريف كلمة دور على أنه (المسؤولية عن تعليم المستفيدين المهارات المهنية اللازمة ويتم ذلك عن طريق توفير المعلومات الملائمة لهم بطريقة مفهومة للمستفيد وتقديم النصح والمقترحات وتحديد البدائل وتبعاتها المحتملة وتقليد السلوك وتعليم الطرق الفنية لحل المشاكل وتوضيح المفاهيم النظرية).

إن الهدف الاساسي لمهنة الخدمة الاجتماعية هو مساعدة الناس في تغيير السلوك غير المنتج وغير الفاعل، وتعليم الناس المتعاملين التمسك باللوائح والقوانين المختلفة والاعراف الاجتماعية، وتطوير المهارات الاجتماعية، والمهارات المعيشية، وتعلم الطرق الاكثر فاعلية لاداء الادوار والتعرف على كنه سلوكياتهم، كل ذلك يعتبر مدخلا لاحراز ذلك الهدف.

ويتم تعليم المهارات أو المعارف التخصصية بشكل رسمي خلال التفاعل مع هؤلاء، أو ربما يحدث في أنشطة التعليم الرسمي، مثل الدورات القصيرة في التدبير المنزلي والتوجيهات والتدريب الطوعي على مهارات الأبوة والأمومة ،والطريقة المختارة تتطلب التقيم المهني على أساس تقييم الإستعداد والقدرة الخاصة بالتعامل على نيل تلك المعرفة .

(جـ) الوظائف:

١. تعليم المهارات الاجتماعية ومهارات الحياة اليومية:

إن المطلوب دوماً من الأخصائين الاجتماعيين مساعدة الناس على تعلم كيفية أداء مهمات خاصة خلال حياتهم المعيشية بشكل أكثر فاعلية. فتدريس مهارات التدبير المنزلي وإدارة الاموال الخاصة، واستخدام وسائل النقل العام، والتنوير حول الترتيبات المعيشية الحديثة والعناية الشخصية بالبدن والصحة، وتطوير المهارات اللغوية، هي

مجرد أمثلة لأنشطة يقوم بها الأخصائي الاجتماعي بشكل منتظم (تيير وشيفور ولوتييه ١٩٨٧).

يتطلب تسهيل عملية تغيير النمط السلوكي: في بعض الاحيان من الأخصائي الاجتماعي أن يساعد المستفيدين على تعلم سلوك جديد أو أكثر قبولاً. وبما يستعمل الأخصائي الاجتماعي طريقة للتدخل المهني، مثل تقليد الادوار وتبنى القيم و/ أو الأساليب الفنية لتعديل السلوك في تعليم !لمستفيدين أنماط سلوكية شخصية أكثر فاعلية. وحينما يعني الأمر أطرًا اجتماعية أكبر حجما فان الباحث الاجتماعي ربما يقوم مثلاً بتعليم أعضاء مجلس إدارة المؤسسة حول آثار قضية اجتماعية. مستجدة على المستفيدين من المؤسسات أو حث إحدى مجموعات الدفاع عن حقوق الناس على أعادة النظر باستراتيجية التغيير بعد فشلها.

٢. الوقاية الأولية:

إن الأخصائيين الاجتماعيين هم أكثر تعوداً على ممارسة انتقائية للأنماط أكثر من كونهم يحولون دون وقوع حادث ما، ولكنهم الآن يطورون مهنتهم لتتضمن الوقاية الأولية، مثل (الاستشارات قبل الزواج وتقديم معلومات حول موضوع تنظيم الأسرة والتدريب الجماعي على مهارات الأبوه والأمومة.

ثانياً : متابع الحالات:

(أ) الهدف :

الهدف هو الحصول على استمرارية الخدمة المقدمة للأفراد والاسر عبرعملية ربط المتعاملين مع المؤسسة بالخدمات الملائمة باستمرار وتنسيق عملية الإستفادة من تلك الخدمات، وضمان تقديم الخدمات اللازمة لهم/بالوقت المناسب وبالشكل الملائم.

(ب) الوصف:

إن الدور المهم للأخصائيين الاجتماعيين هو مساعدة الناس في تحديد موقع الخدمة والوصول اليها للوفاء بحاجاتهم، وعند الضرورة للعمل كمدافع عن حقوق هؤلاء الناس، وعندما يتطلب الأمر خدمات متعددة فان الأخصائي الاجتماعي بصفته مديراً للحالة ومتابعاً لها، ربما يخدم بصفته منسقا : التخطيط وجدولة الاتصالات المتعددة مع المؤسسات الخدمية. وبهذه الصفة فإن الأخصائي الإجتماعي يصبح حلقة للوصل بين المواطن وبقية الخدمات الانسانية المتاحة.

ويتحدث دليل ناسو الارشادي عن انتقاء وتوظيف الأخصائيين الاجتماعيين (١٩٨١) عن دور متابع ومديرالحالات كما يلي:

(هو نشاط من أجل تطوير وتنفيذ ومراقبة خطة الخدمة الاجتماعية للوفاء باحتياجات الفرد أو الأسرة. ويشتمل على تحديد وتقديم التحويل من أجل الخدمات الاجتماعية والخدمات القانونية وغيرها، ويتم إشراك صاحب الحالة وتنسيق ومراقبة التقدم المحرز نحو حل المشكلات أو المشكلة وتمثيل المتعاملين، والمطالبة نيابة عنهم لدى مقدمي الخدمة، وذلك لضمان تقديم الخدمات اللأزمة، وحينما يقوم الأخصائي الاجتماعي بأداء دور متابع ومدير الحالات، فانه

يلزمه أن يكون ماهراً في كل من الاساليب العلاجية والإدارية- ويشتمل عمل الأخصائي الاجتماعي على المهارات الشخصية في مساعدة العملاء، لصياغة اهدافة المرجوه من الخدمة، والوصول إلى تلك الخدمة والمتابعة لضمان استمرارية تقديم الخدمة الملائمة وتوافرها. وفي نفس الوقت يقوم الأخصائي الاجتماعي بأداء نشاط أداري من خلال عمله، ضمن نظام تقديم الخدمة الاجتماعية، لتنسيق الخدمات وتسهيل التعاون فيما بين المؤسسات.

(جـ) الوظائف:

١. تقييم الحالات:

ومثلما هو في أدوار العمل الاجتماعي الأخرى، فان الأخصائي الاجتماعي يجب عليه القيام بالتقييم الدقيق للوضع الذي يمر به الفرد أوالأسرة. وهذا يتضمن جمع المعلومات وصياغة التقييم للعميل والبيئة ذات الصلة به.

٢. تخطيط الخدمة/ العلاج:

بالعمل مع المستفيدين والفعاليات الأخرى ذات العلاقة، يمكن للأخصائي الاجتماعي المساعدة على تحديد الخدمات المتعددة التي يمكن الوصول إليها للوفاء بحاجات المستفيد، من خلال وتوجيه وأرشادات للنقاش الجماعي وجلسات اتخاذ القرار فيما بين المهن ذات الصلة والاختصاص ومندوبي البرنامج والفرد وأسرته، وآخرين من ذوي الأهمية لصياغة أهداف وتصميم خطة التدخل المهني المتكاملة).

٣. الربط والخدمة المطلوبة:

فإن مدير ومتابع الحالات عليه أن يؤمن للمستفيدين موارد الخدمات الانسانية الملائمة. ويختلف الدور على كل حال من حقيقة كون الأخصائي الاجتماعي يظل

مشاركاً نشطا في تقديم الخدمات للفرد أو الأسرة. وبخلاف تحويل العملاء لمورد خارجي فان مدير الحالات يعلق أهمية قصوى على تنسيق عملية استفادة صاحب الحالة من الموارد الأخرى.

٤. مراقبة عملية توصيل الخدمة:

حينما يكون الفرد هو المستفيد من الخدمات المقدمة من قبل عدة مؤسسات ومختصين يقومون ببذل الخدمة الانسانية فان متابع الحالات يقوم بمتابعة الاتصال ومواصلته مع مرجع التحويل، وذلك لضمان تقديم الخدمات اللازمة بالفعل للمهام الاساسية السبع المقترنة بهذه الوظيفة وهى:

١- مراقبة الالتزام بالخطة وانسياب المعلومات الدقيقة ضمن نظام العمل، وذلك للحفاظ على التوجه نحو الهدف .

٢- توفير المتابعة المصاحبة لصاحب الحالة وأسرته وذلك للإسراع في تحديد المشكلات غير المتوقعة في نظام تقديم الخدمة والعمل كسابر لغور المشكلات نيابة عن صاحب الحالة .

٣- تقديم النصح و المشورة والمعلومات لمساعدة صاحب الحالة وأسرته في حالات الأزمات والصراع مع مقدمي الخدمات.

٤- تقديم الدعم العاطفي المستمر لصاحب الحالة وأسرته، حتى يتسنى لهم التعامل الأفضل مع المشكلات والإستفادة من المختصين والخدمات المعقده.

٥- القيام بالعمل الكتابي اللازم للحفاظ على مستندات توثيقية للتقدم بالحالة والالتزام بالخطة من قبل جميع المعنيين.

٦- العمل كحلقة وصل بين صاحب الحالة واسرته وجميع المختصين المعنيين والبرامج وموارد المعلومات المتصلة بخطة التدخل الشاملة، مثل مساعدة صاحب الحالة في ترتيب أولوياته والحصول على الخدمات اللازمة

٧- العمل كحلقة وصل بين البرامج التي تقدم الخدمات، وذلك لضمان الانسياب السهل للمعلومات، وتقليل الصراع بين الأنظمة الثانوية.

٥. الدفاع عن الحالات:

وحينما يحين وقت المساعدة اللازمة فان دور مدير الحالات هو الدفاع عن المستفيدين من أصحاب الحالات والتفاوض حول اللوائح والنظم المعقدة لمؤسسات الخدمات الانسانية. ومسئولية الأخصائي الإجتماعي تكمن في كونه يساعده الزبائن في ضمان تقديم الخدمات والموارد المشروعة لهم. ويتضمن ذلك التفاوض بقوة مع المختصين والمؤسسات الأخرى لضمان الوصول إلى تلك الموارد.

ثالثاً : المسؤول عن اعباء العمل:

(أ) الهدف :

أن الهدف من إدارة أعباء العمل المناطة به تقديم خدمات المستفيدين بكل كفاءة وتحمل المسئولية أمام الجهة المقدمة لهذه الخدمة.

(ب) الوصف :

على الأخصائيين الاجتماعيين السعي لضمان الموارد الاجتماعية أو لتقديم الخدمات اللازمة للمستفيدين والالتزام بالمتطلبات الإدارية للمؤسسة الاجتماعية، بمعنى خلق التوازن بين الكفاءة والفاعلية أن يكونوا أكثر فاعلية في إدارة أعباء العمل- التي يتعين عليهم القيام بها تنظيم مجهوداتهم لزيادة الخدمات التي يقدمونها للحد الأقصى- والإهتمام بالكيفية التي يقدمون بها المعلومات، ويشاركون بها في إدارة وتشغيل المؤسسة التي يعملون بها.

(جـ) الوظائف:

١ - تخطيط الخدمات:

تعتبر المقدرة على تنظيم الأنشطة المهنية بكفاءة جزءاً ضروريا يساعد في زيادة الخدمات المقدمة من قبل الأخصائي الاجتماعي إلى الحد الأقصى. ويتضمن تخطيط الخدمات تقييم الأعباء العملية الشخصية، وأنشاء الخطط لأنجاز تلك الاعمال، بأكثر الطرق كفاءة وفاعلية، ولا بد من ترتيب الأولويات، ووضع تسلسل الانشطة والتحديد الواقعي للوقت المخصص لأنجاز كل نشاط من تلك الأنشطة.

٢- إدارة الوقت:

تعتبر القدرة على ادارة الوضع بكفاءة، أمراً ضروريا للأخصائي الاجتماعي. وحيث أن القليل من المؤسسات الاجتماعية قد يتوفر لديها موظفون، فإن الأخصائيين الاجتماعيين عادة ما يقومون بتحمل أعباء وظيفية مثقلة. وإذا كان لا بد للأخصائي الاجتماعي من أن يولي عناية مناسبة لكل متعامل مع المؤسسة ولكفاءة الأنشطة الخدمية، فانه لا بد من

أن يرتب أولوياته، وذلك للإستفادة من الوقت وساعات العمل، بكل حرص وعناية لأنجاز المهام الموكولة إليه .

٣ - مراقبة جودة الوقت :

يجب على الأخصائيين الاجتماعيين تحمل مسؤولياتهم لضمان جودة الخدمات المقدمة بالقدر الكافي، وباعتباره جزءاً من إدارة أعباء العمل، فإن الأخصائي الاجتماعي يجب عليه أن يقوم بانتظام بتقييم فاعلية الخدمة، وأحيانا يكون الأخصائي الاجتماعي منغمسا في تقييم الخدمات التي يقدمها زملاؤه في العمل. وربما تشتمل هذه الخدمات على (النظر في سجلات المؤسسة والقيام بتقييم الإنجاز العملي وعقد لقاءات لاستعراض المنجزات) مع الزملاء أو المتطوعين.

٤. معالجة البيانات :

يكون الاخصاني الاجتماعي مسئولاً عن معالجة البيانات التي تسهل تسيير العمل في المؤسسة التي يعمل فيها له. كما يجب عليه تقديم البيانات اللازمة لتوثيق عملية تقديم الخدمة ويجب اكمال الأعمال الكتابية لضمان المحافظة على سجلات الحالات كما يجب توثيق العديد من النفقات بالإضافة إلى ذلك تطلب المؤسسات من موظفيها التنسيق فيما بينها كما يجب تفهم الجميع للمعلومات الخاصة بلوائح المؤسسة والاجراءات المتبعة فيها، وهذا يتطلب الاستعداد والنظرفي المراسلات المكتبية وحضور الاجتماعات التي تضم الموظفين وتيسير الاتصال داخل المؤسسة.

رابعاً : المتفحص المعالج:

(أ) الهدف :

الهدف هو مساعدة أصحاب الحالات في تغيير وظائفهم الإجتماعية باكتساب المعرفة حول ميولهم وأحاسيسهم وتصرفاتهم السلوكية، فيما يتعلق بالأوضاع الإجتماعية الصعبة ، الجوانب الوظيفية التي يرغبون تنمية شخصياتهم فيها.

(ب) الوصف :

يكون الدور المهني الاجتماعي الأبرز للعيان هو دور المتفحص المعالج، ولقد تحدث كتاب دليل ناسو لاختيار وتوظيف الأخصانيين الاجتماعيين (١٩٨٧) عن جوهر هذا الدور الذي يقوم على الإرتباط الشخصي المباشر مع الفرد أو الجماعة أو الأسرة، بغرض التأثير المنتظم على الوظائف الشخصية و/أو النفسية لهم فمن أجل حل واحتواء المشكلة وتقديم المساعدة العلاجية، وإنجاح عملية النمو وتسهيل النمو الانساني للأفراد والجماعات والأسر الذين لديهم إشكاليات شخصية أو مشكلات نمو، يساعد الأخصائي الاجتماعي في اتخاذ التدابير التي سوف تؤدي إلى تغيير استجابتهم للضغوط الناشئة عن التفاعل الخاص مع الأوضاع الاجتماعية. ومن أجل أداء هذا الدور يحتاج الأخصائي الاجتماعي إلى معرفة أساسيات السلوك البشري والى فهم تأثير البيئة الاجتماعية على الناس والقدرة على تقييم احتياجات المستفيدين وأصدار الأحكام الدقيقة على التدخلات لمساعدة المستفيدين في التصرف حيال تلك الضغوط، والمهارة في تطبيق الأساليب الفنية الملائمة للتدخل، والقدرة على التوجيه خلال عملية التغيير.

(جـ) الوظائف:

١ - التقييم النفسي والتشخيصي:

يعتبر التقيم شرطا مسبقاً لأية محاولة للتدخل، ويجب فهم أحوال المستفيدين تفهماً تاماً، وفهم قابليتهم للخدمة المطلوبة وطاقاتهم الإستيعابية وقدراتهم على التغيير المراد بالتقييم، ويتحدث كتاب ناسو الإرشادي حول إنتقاء الباحثين الاجتماعيين، والاستفادة منهم (١٩٨١- صفحة ١٥) عن أنشطة التقييم النموذجي باعتبارها (استيعاب واجراء المقابلات وإعداد السيرة الاجتماعية وتطوير خطة للخدمة)

ويلاحظ الأخصائي الاجتماعي بدقة السلوك، ويحدد العوامل المسببة في الوضعية الاجتماعية لصاحب الحالة، والتي تؤثرعلى أداء وظائفه الاجتماعية، وعقب تقييم الوضعية الاجتماعية يقوم الأخصائي الاجتماعي بصياغة التشخيص العلاجي باستخدام أطار فكري لتنظيم المعلومآت بطريقة تمكن من تنمية فهم كل من صاحب والبيئة الاجتماعية وتثمر عن خطة تدخل مهني قابلة للتطبيق.

٢- العناية بالتوازن المستمر:

لا يتضمن الدور دوما مجهودات تسعى إلى تغيير وضعية أو حالة صاحب الحالة الصحية أو حالته الاجتماعية، أو أحيانا تشتمل الخدمة الملائمة على تقديم الدعم أو الرعاية على أساس متواصل أو مستمر. فمثلا تقديم النصح للمعوقين والمسنين والمرضى الميئوس من علاجهم أو أسرهم، ربما يشتمل على مجهودات لزيادة خياراتهم والتصرف المريح ازاء الأوضاع الحياتية أو المعيشية الصعبة.

٣ - العلاج الإجتماعي :

يقوم الأخصائيون الاجتماعيون في الغالب بالعمل مع المستفيدين وبجهود حثيثة لمساعدة هؤلاء على حل مشكلات التي يواجهونا أو (لعلاج أو إزالة أو تخفيف وطأة المرض أو الاعاقة أو المشكلة)، وهذه الوظيفة في تفهم العلاقات العاطفية بين الأشخاص أو مجموعات الأشخاص ذوي القرابة، ودعم مجهوداتهم لتعديل العلاقات الاجتماعية، واشراكهم في عملية حل المشكلات، أو في مجهودات التغيير داخل الفرد أو حل الصراعات بين الافراد و/ أو بين الأفراد والمؤسسسات الاجتماعية. وربما تتضمن الأنشطة العلاجية وأنشطة حل المشكلات، إشراك الفرد والأسرة أو الجماعات في عملية التدخل.

٤ - البحث الميداني:

بالرغم من أن البحث الميداني يجب أن يكون جزءاً من أداء الأخصائي الاجتماعي لدوره المهني، فانه يصبح من الضروري جداً في هذا المجال، والبحث الميداني لهذه الخدمة المباشريتخذ شكلين. أولهما أن يقوم الأخصائي الاجتماعي بفحص إنجازاته بشكل منتظم، من أجل تقييم فاعلية التدخلات المنتقاة. وبهذه الطريقة يمكن ان يصبح الأخصائي الاجتماعي مسئولاً أمام. المستفيدين والمؤسسة والجمهور العام ومهنة الخدمة الاجتماعية. وثانيهما انه يتوجب على الباحث الاجتماعي القيام بجمع البيانات وتقييم خبراته المهنية في الكشف عن مواطن المشكلات الاجتماعية المستجدة والمستفيدين، ربما يتم معالجتها عن طريق خدمات جديدة أو منقحة وسياسات عامة.

خامساً: وسيط الخدمات الانسانية:

(أ) الهدف :

ربط أصحاب الحالات بالخدمات الانسانية الملائمة المتاحة في المجتمع المحلي.

(ب) الوصف :

تركز مهنة الخدمة الإجتماعية بشكل خاص على مساعدة الناس على الانتماء بشكل فعال الى بيئتهم الاجتماعية، وهذا يضع الأخصائي الاجتماعي في مكان يجعل منه الشخص المهني الاول، يقوم بتسهيل الرابطة بين احتياجات أصحاب الحالات وموارد المجتمع:

فالأخصائي الاجتماعي اشبه بالوسيط الذي يحدد متطلبات متلقي الخدمات ثم يقوم بمساعدته فى الوصول الى الموارد الملائمة. وفى بعض الاحيان يقوم الأخصائي الاجتماعى بتوفير المورد او الخدمة بنفسه، وفى احيان اخرى يتم ربط صاحب الحالة بمؤسسة اخرى قادرة على تقديم كل او بعض الخدمات اللازمة، وفى احيان اخرى يتحويل اصحاب الحالات الى مختصين آخرين، أو مؤسسات اجتماعية للوفاء باحتياجاتهم المعينة.

لذا على الأخصائي الاجتماعي باعتباره الوسيط الذي يقدم خدمة انسانية ان يكون مدركاً لمختلف الموارد المتنوعة، وأن يقوم بتقييم المعوقات والتدابير العملية من اجل الوصول إلى تلك الموارد التي تشمل على المعونات الاجتماعية (المال والغذاء والكساء والماوى) و/ أو الخدمات الاجتماعية (مثل: الاستشارات والعلاج وتجارب التفاعل مع الجماعة وخدمات اعادة التاهيل).

(جـ) الوظائف :

١ - تقييم وضعية صاحب الحالة:

إن الخطوة الاولى في الوساطة الفاعلة هى الفهم الشامل والدقيق للإحتياجات والقدرات الخاصة بصاحب الحالة، حيث يكون الأخصائي الاجتماعي ماهراً في تقييم مثل تلك العوامل، كقابلية صاحب الحالة للتعرض للإصابة وثقافته وموارده وقدراته اللغوية ومظهره واتزانه واحترامه لذاته وذكائه واصراره على احداث التغيير.

٢. تقييم الموارد:

على الأخصائي الاجتماعي أن يقوم بوضع التقييم الدقيق للموارد المتعددة المتاحة امامه للوفاء باحتياجات اصحاب الحالات، وفيما يخص المؤسسة التي يعمل لديها الأخصائي الاجتماعي فان الأخصائي الاجتماعي يلزمه ان يكون ملما بالبرامج المتاحة ومستوى تأهيل الموظفين ومتطلبات القابلية العامة وتكاليف تلك الخدمات.

وكذلك معرفة الطريقة المثلى لمساعدة اصحاب الحالات في الوصول الى تلك الموارد.

٣. ارسال المعلومات :

تتطلب عملية الوساطة ارسال معلومات الى اصحاب الحالات أو الجماعات المتعاونة ويقوم الأخصائي الاجتماعي باعتباره مصدرا للمعرفة المتعلقة بنظام أداء الخدمة باشراك الآخرين معه في حصيلته المعرفية. وفي احيان أخرى ربما يقوم الأخصائي الاجتماعي بلفت انتباه الجمهور العام للمعلومات المتعلقة بالخدمات الاجتماعية المقدمة والفجوات بين تلك الخدمات و المتطلبات..

٤. التحويل لمصادر اخرى:

يقوم الأخصائي الاجتماعي بتحديد شكل (لائق) او (مناسب) من احتياجات اصحاب الحالات، مـما يجعل من المرغوب فيه ان تتم احالة هـؤلاء إلى احد تلك المـوارد او اكـثر مـن واحد منها بغيـة المساعدة. والتحويل الفعال يتطلب من الأخصائي الاجتماعي اصدار احكامه فيما يخص الـدوافع و القدرة الخاصة باصحاب الحالات على المتابعة وقابلية المورد صاحب الحالة وتقديم الخدمة له

٥. الدفاع عن حقوق اصحاب الحالات :

حينما تكوق الموارد غير مناسبة لطلب هؤلاء للخدمة، فان الأخصائي الاجتماعي ربما يقـوم بمهمـة الدفاع عنهم . وربما يستخدم الاساليب الفنيـة للتفـاوض والوسـاطة أو اسـتراتيجيات ضـاغطة اكثر للحصول على الخدمة اللازمة.

٦. ربط النظام الخدمي:

وأخيرا تتطلب المسألة مـن الأخصائي الإجتماعـي القيـام بتسـهيل التفاعـل المستمر بـين القطاعـات المتعددة لنظام أداء الخدمة الإنسانية. مـن أجـل تقويـة الرابطـة بـين تلـك القطاعـات يتعـين علـى الأخصائي الاجتماعي الاشتغال بانشطة الاتصال عبر شبكة المعارف من اجل انشاء قنوات اتصال بـين العديد من المؤسسات والتفاوض حول تقاسم الموارد و/ أو الاشـتراك في تبـادل المعلومـات الداخليـة للمؤسسة وتنسيق الانشطة.

سادساً : مطور لقدرات العاملين :

(أ) الهدف :

يقوم مسئول تطوير العاملين بتسهيل عملية التطور المهني لموظفي المؤسسة عن طريق التـدريب و الأشراف والمستشارات وأدارة شئون الأفراد.

(ب) الوصف:

يعمل الأخصائيون الاجتماعيون في وظائف إدارية متوسطة في مؤسسات الخدمات الانسانية، وبهذه الصفة فهم يسخرون جزءاً من طاقاتهم، لإثراء الأداء العملي للعاملين في المؤسسة. وفي بعض الاحيان يقومون بالعمل مع السكرتيرات وموظفي الاستقبال والمتطوعين، ومع أشخاص آخرين ينجزون أنشطة مهمة.

ويتطلب دور تطوير الأداء العديد من المهارات المستخدمة في دور المعلم، لان الأخصائي الاجتماعـي يقوم بإعطاء المعلومات لاخرين مـر أخرى. وفي هـذه الحالـة يـتم نشـر المعرفـة إلى الأقران بغيـة مساعدتهم في الأداء بفاعلية أكثر، ويعزى تطوير العاملين إلى التقييم الـدقيق لاحتياجات التـدريب، وربما يتخذ التدريب شكلا من أشكال التـدريب الفـردي مثل الاشراف والاستشارات و/ أو يتضمن أدارة جلسات التدريب أو المشاركة فيها.

(جـ) الوظائف :

١ - أرشاد وتدريب الموظفين:

يجب تقديم التدريب العملي المخطط له بعناية والإرشاد التوجيهي للمؤسسة مع المهمات العمليـة المحددة. وبقدر الإمكان يجب أن يكون الإرشاد ملائماً للفرد لكي يوائم الحاجات التدريبية لكل فـرد مما يتطلب أصلا المشاركة المستمرة في تقييم مؤهلات

الموظف وضمن المهام المطلوبة لإنجاز هذه الوظيفة عادة ما نجـد توقعـات تحديـد مهـام الوظيفـة وإرشـاد العاملين وتنويرهم حول السياسات والإجراءات المتبعة في المؤسسة واستعراض سجلات الحـالات وتقيـيم الأداء الوظيفي.

٢ – إدارة شؤون الأفراد :

وتتراوح أنشطة إدارة شئون الأفراد بين القيام باختيار الموظفين الجدد وأنهاء الخـدمات . وكثـير مـن تلك الأنشطة الإدارية المتوسطة يكون لها أثرها على النمو المهني للعاملين الآخرين.

فمثلا اختيار المهام الموكلة إلى الأفراد لا يشتمل على إصدار الأحكام حول نطاق تمكنهم فحسب، بـل يشتمل كـذلك علـى المساعدة في تـدريبهم وتطـويرهم بإتاحـة الخبرات المهنيـة الجديـدة والمثيرة للتحدي. وعلاوة على ذلك فان دور تطوير الموظفين ربما يستدعى من الأخصائي الاجتماعي تخصيص الاموال لحضور ورش العمل والمؤتمرات والحلقات الدراسية، حيث يمكنه معرفة كيفية زيادة معارف العاملين ومهاراتهم .

٣. الإشراف:

يشتمل الاشراف المهني على توجيـه أنشطة العاملين بالمؤسسة لإثراء الجودة النوعيـة للخـدمات المقدمة ولضمان مواكبة نظم ولوائح المؤسسة. كما يتضمن الأشراف على أنشطة الموظفين ومراقبـة المهام والخدمات الموكلة إلى الأفراد وتطوير احتياجات واهتمامات .

٤ - الإستشارات

يتم تقديم الاستشارات على مستوى الأقران أي من مهني لزميله الآخر. وباعتباره نداً مساوياً فان الشخص المتلقى لاستشارة يجد أمامه حرية اختيار الاستفادة من المشورة أو عدمها. وتتركز الاستشارات حول احتياجات التعلم الخاصة بالزميل يعتبروسيلة تعلم مناسبة للنموذج المهني المقترح لنمو العامل وتطوره)

سابعاً : الإداري المنظم :

(أ) الهدف :

التخطيط وتطوير وتنفيذ السياسات والخدمات والبرامج في المؤسسات التي تقدم خدمات انسانية.

(ب) الوصف :

يتحمل الأخصائي الاجتماعي مسؤوليات تنفيذ السياسات والبرامج الخاصة بالمؤسسة الاجتماعية. وحينما يقوم بأداء هذا الدور فإنه ربما يصبح هو الموظف الرئيسي أو ربما يكون دوره كإداري من أدوار عديدة تكون جزءاً من اعبائه.

في قاموس بيكر ١٩٨٧ أن الإداره في الخدمة الاجتماعية عبارة عن الشمولية المنسقة للأشطة في مؤسسة للرعاية الاجتماعية اللازمة لتحويل السياسات إلى خدمات، وذلك كطريقة مهنية مستخدمة للتخطيط والتصميم والتنسيق والتقييم للمهام المترابطة والوظائف والأفراد والأنشطة المرجو منها تحقيق أهداف المؤسسة المحددة .

وعلى الأخصائي الإجتماعي الإداري تنفيذ السياسات والبرامج الخاصة بالمؤسسة، وتقوم مجالس الإدارة في المؤسسات أو الموظفون المنتجون فيها بشكل تقليدي، بوضع الموجهات الرئيسية وتخصيص الأموال اللازمة لتسيير عمل المؤسساتالإجتماعية .

و عادة ما يقوم مجلس تطوعي للمؤسسة أو مجلس الأمناء المعين من قبل هيئة تشريعية بتعيين المسؤول الإداري الرئيسي (أو المدير التنفيذي) وذلك لإدارة المؤسسة وتعيين الموظفين، وتأسيس إجراءات التشغيل، وإدارة عمليات المؤسسة، وتطوير وتقييم الخدمات والحفاظ على الاتصال مع مجلس الاداره، وكل هذه تعتبر هي المسئوليات الأولى للإداري ووفقا لحجم وتعقيدات المؤسسة يقوم المدير التنفيذي بالمهام الإدارية، ولكنه يبقى المسؤول والمرجع الأخير عن جودة نوعيتها.

(جـ) الوظائف الإدارية :

تتطلب مهام الإدارة من الإداري الحفاظ على المراقبة والإشراف على عمليات المرفق أوالبرنامج أو الوحدة الخدمية، وتشتمل الإدارة على أعباء مثل عبء تسهيل عمل مجلس اداره المؤسسة وتجنيد وانتقاء الموظفين وتوجيه وتنسيق انشطتهم وتطوير ووضع الأولويات وتحليل الهيكل الخاص بالمؤسسة ورفع مستويات المهنيين داخل المؤسسة والفصل في النزاعات بين العاملين، والحصول على الموارد اللازمة لتشغيل المؤسسة.

الفصل الخامس

أمثلة لخطط التدخل المهني

١- خطة لمعالجة المشكلات الأسرية

الأهداف :

١ - تجهيز خطة لمساعدة الأسر من الاستفاده من العملية إعادة العلاقات الاجتماعية إلى كيانها.

٢ - العمل على مساعدتهم على الأشتراك في الأنشطة والبرامج العائلية

٣ - العمل على زيادة مستوى مشاركتهم في تولي مسئوليات زمام وأدوار العائلة.

٤ - العمل على وضع حلول للمشاكل العائلية السائدة في إجوائها.

خطة العمل:

يتطلب من الأخصائي الاجتماعي وضع البرامج الاجتماعية والنفسية لمساعدة أفراد الأسرة ولذلك يجب عليه الالتزام بالآتي:

١- الاستفادة من الأساليب والنظريات العلمية في علم النفس الخاصة بالإنسان والذات والعلاقات الاجتماعية لمعرفة الفروق الفردية وخصائص الأفراد في المراحل العمرية والأدوار الأجتماعية والمشكلات التي يعانون منها وطرق حلها، وكذلك الإستفاده من النظريات والأساليب المختلفة للدراسة والتحليل والربط بين علاقات أفراد الأسرة، والتي تساعد على معرفة الطرقوالأساليب واختيار الأسلوب الأمثل للتغلب على المشاكل .

٢ - استخدام الموارد والإمكانيات بصورة تحقق النجاح في هذه الخطة من دراسات فردية والعلاقات والمسئوليات الموزعة.

٣- الحرص على دقة التنفيذ، وذلك من خلال معرفة ما تحتويه هذه الأساليب من حاجات ومتطلبات وشروط وضرورة توافرها في الأسرة، لرفع مستواها الاجتماعي والاقتصادي.

٤- العمل على تحقيق الأهداف التي خطط لها بتحويلها إلى واقع ملموس وذلك من خلال التنفيذ الخطة التي تساهم في رفع المستوى الاجتماعي العائلي.

ولكي يقوم الأخصائي الاجتماعي بوضع الخطة لعمله المهني عليه أن يتبع الخطوات التالية:

١- تحديد الهدف من وضع الخطة قبل الشروع في العمل والتنفيذ طبعا وهو حل المشكلات الأسرية

٢- القيام بحصر الموارد والإمكانيات التي تساعدنا على تحقيق هدفنا القائم على تقوية العلاقات الاجتماعية في الأسرة.

٣- وضع التوقعات التي تنتج في حالة عدم إشباع بعض الاحتياجات كعدم تولي مسئوليات الأدوار للأسره، سوف ينتج عنه خلل في تنفيذ الخطة المعدة لذلك، وبالتالي عدم ضمان التسلسل في تحقيق الأهداف في الفترة الزمنية المحددة.

٤- المواءمة بين الموارد والإمكانيات المتاحة لإشباع الاحتياجات، وهو إيجاد التعديل والتغيير اللازم في تعديل شعور الأفراد في روح الانتماء للأسرة والحب المتبادل بين أعضائها.

<u>تنفيذ البرامج :</u>

ويعنى ترجمة البرنامج على واقع ملموس في ضوء الخطة، ويكون الأخصائي الاجتماعي مسئول مسئولية مباشرة عنها، وهذا يعنى أنه يستطيع الاستعانة بجهود الآباء والمختصين.

وتتطلب مرحلة التنفيذ تكاتف الأيدي وتعاون الجميع حيث تتطلب هذه المرحلة توافر الخدمات التي تساعد على تحقيق الأهداف في النواحي التالية:

الناحية الوقائية: حيث يجب وقاية أفراد الأسرة من الأنحراف والصعوبات التي تواجههم في أداء واجباتهم الأسرية وذلك بتضافر جهود الأخصائي الاجتماعي وتعاون أفراد العائلة وهو ما يلي:

١- إبراز المواهب القيادية والتعاونية بين أفراد الأسرة في جميع المواقف التي تمر بها الأسرة

٢. إعداد البرامج العائلية التي تشجع الأفراد على التعاون ورفع مستوى المحبة والانتماء لها

٣. تقديم جوائز عينية للأبناء في حالة طاعة والديهم والألتزام بالأوامر الموجهة إليهم .

٤. يقوم الأخصائي الاجتماعي بتخصيص برنامج في معالجة مشاكل جميع افراد الأسرة وبـذلك يساعد عـلى معالجة المشاكل الأسرية.

٥- تثقيف وتوعية وتقوية دور القدوة الحسنة (الوالدين) حتى يسهل اتبـاع سـنتهم في الحيـاة مـن ناحيـة أبنائهم .

دور الأخصائي من الناحية التنموية:

١- معرفة جميع المشاكل التي تمر بها الأسرة وتشخيصها وترتيبها بأكثرها تأثيراً على الأسرة.

٢- تنمية القيم الاجتماعية والأخلاقية في شخصية أفراد الأسرة من خلال الحـث عـلى الصـلاة الجماعيـة وسـنة الرسول في الحياة والتكلم عن الآداب بأنواعها.

٣- استغلال الحوار المفتوح بين الأفراد مع تدعيمه بالاحترام والترحيب بالآراء.

٤- قيام الأخصائي الاجتماعي بتصميم برامج فردية وجماعية ومجتمعية.

دور الأخصائي من الناحية العلاجية:

١ - تنظيم المسئوليات والأدوار التي يتولاها أفراد الأسرة مع التنسيق بينهم وحثه اياهم على الإلتزام بها.

٢ - يجب مراعاة الفروق العمرية في الأسرة ومايصحب أفراد هذه الفئات من مشاكل

٣ - توفير الموارد والإمكانيات التي تساعد على حل مشاكل الأسرة .

٤ - تفعيل دور القيادة في الوالدين وتعريفهم بالإلتزامات وضرورة التعاون بينهم مع التفاهم.

٥ - محاولة حل المشكلات عن طريق تعاون جميع الأفراد في وضع حلول لها.

دور الأسرة في تحقيق البرامج الوقائية التي تسهم في علاج مشاكلها:

١ - الاهتمام بكل الجوانب التي تخص حياتها الأسرية.

٢ - شراء القصص الاجتماعية والقصص الدينية التي تحث على القيم والأخلاق لتدعيم أبنائها.

٣ - تنظيم أوقات الأسرة لقضائها في تنفيذ البرامج والواجبات بكل محبة واهتمام وتعاون فيما بين أعضائها.

٤ - إظهار أهمية الأسرة في بناء الشخصية القوية والاجتماعية والقادرة على الاعتماد على الذات.

٥ - متابعة حياة أبنائها الدراسية والاجتماعية والصحية والنفسية.

من الناحية العلاجية:

١- توفير البيئة الأسرية الهادئة والمطمئنة

٢- توفير جميع الألتزامات والإمكانيات التي تحتاجه أفراد الأسرة لمتابعة حياتهم.

٣- تشجيع أفراد الأسرة بالقيام بواجباتهم من خلال التحفيز المادي والمعنوي اثناء أدائهم.

٤- عدم التفرقة في التعامل بين الأبناء لأن ذلك يؤثر على مستواهم في جوانب الحياة.

من الناحية الوقائية:

١- إتباع جميع ما يقوله الأخصائي الاجتماعي والعمل على تطبيقه حتى يسهل تحقيق الأهداف.

٢- التعاون مع الأخصائي الاجتماعي بشكل ممتاز بحيث يتم الإنتاج والتطبيق الواقعي.

٣- إتباع الوقت المنظم التي خصصه الأخصائي للأفراد الأسرة في تطبيق البرامج والأنشطة الموضوعة.

٤- عدم تأجيل عمل اليوم إلى الغد وبالتالي يستطيع أداء واجباته أول بأول.

٥- تكثيف الجهود الاجتماعية والمشاركة والتعاون في الأنشطة والبرامج.

٦- التركيز على أساسيات وركائز التي تقوم عليها الأسرة والمحافظة عليها.

٢- خطة لتنظيم ورعاية الأسرة

التعريف بالمشروع:

يقام المشروع لتنظيم ورعاية الأسرة و(مركز المشورة في مجال الاسرة) بجهود تطوعية تدعو إلى زيادة وعي المجتمع بمفاهيم تنظيم الأسرة والصحة الإنجابية للام والجنسية كحق إنساني، وذلك بتوفير المعرفة والإعلام الصحيح، وتعريف المرأة بحقوقها الإنجابية ورفع مقدرتها على اتخاذ القرار وحمايتها من مخاطر الإجهاض غير المأمون .

كما يعمل المشروع على تعميق مسؤولية الرجل وزيادة مشاركته في قضايا الصحة الإنجابية وأعداد الشباب للمسؤولية الوالدية.

أهداف المشروع:

- تنمية وعي المرأة والرجل نحو تنظيم الأسرة والصحة الإنجابية.

- توفير المعرفة والمعلومات اللازمة لتنظيم الأسرة.

- تعريف المرأة بحقوقها الإنجابية ورفع مقدرتها على اتخاذ القرار.

- حماية المرأة من مخاطر الإجهاض غير المأمون.

- إعداد الشباب للمسؤولية الوالدية وتحمل المسؤولية الاجتماعية نحو أسرته.

- زيادة مشاركة الرجل في الأنشطة الاجتماعية، وفي قضايا الصحة الإنجابية وتغيير نظرتهم نحو الصحة في المجتمع.

- رفع كفاءة المتطوعين والعاملين في مجال تنظيم الأسرة وتنمية مواردها بالتنسيق والتعاون مع الهيئات الحكومية والأهلية...

- التثقيف الأسري والسكاني نحو حياة أفضل وأكثر رفاهية..

- توعية وتثقيف طالبي المشورة حول تنظيم الأسرة والصحة الإنجابية والجنسية.

- توفير الاستشارة للمتزوجين حول الصحة والحياة الأسرية.

- تقديم المشورة لحالات العقم وتعتبر هذه الجمعية مكملة إلى دور المستشفى ولكن من خلال بعض النصائح الجوهرية لحماية صحة الأم النفسية.

مبررات المشروع:

إن الدافع وراء قيام هذا المشروع هوحاجة المجتمع لمثل هذا المشروع نظرا لتزايد نسب الطلاق بسبب الجهل بالأمور الطبية والصحية والإنجابية وعدم الوعي بواجبات الحياة الزوجية. وتزايد نسب الإجهاض وخصوصا تقديم المشورة والنصائح اللازمة في حماية الحياة الزوجية من هذه المشكلات إلى تعيق التقدم نحو الأفضل. حاجة الوالدين لمثل هذا المشروع لتربية أبنائهم التربية الصحيحة، ليصبحوا قادرين على تخطي المشاكل، إلى تتبع التغيرات المجتمعية والاستفادة من إيجابيات هذه التغيرات بقدر الإمكان والابتعاد عن السلبيات. نظرا لتزايد انحراف الاحداث فلا بد من شغل أوقات فراغهم. مما يفيدهم بدلا من التسكع في الشوارع دون أي هدف.

مراحل المشروع:

١- مرحلة الدراسة:

أن هذه المرحلة هي من بين أهم المراحل إلى لابد من أن يمر بها المشروع قبل تنفيذه ففي هذه المرحلة يتم دراسة المشروع و أن كان مهم و مناسب للمنطقة التي سينشأ فيها، و هل هي بحاجة لهذا المشروع ومعرفة الإمكانيات اللازمة لهذا المشروع، و هل يمكن الحصول على تلك الإمكانيات المطلوبة، ومن أين سيتم الحصول عليها، وهل ستتحقق الاهداف المناطة بهذا المشروع.

٢- مرحلة التخطيط:

تبدأ هذه المرحلة بتحديد الاهداف التي يقوم عليها المشروع، ومعرفة المشكلات التي يتعرض لها المجتمع المحلي و الخدمات التي يمكن تقديمها، فهذا المشروع تم رسم أهدافه و لقد ذكرناها سلفا، فمعرفة الاهداف هو بداية العمل على المشروع، ولابد أيضا من تحديد الإمكانيات اللازمة للقيام بالمشروع من موارد و طاقات و رأسمال ومكان لإقامة المشروع عليها.. كذلك تحديد إطار الخطة من خلال وضع البدائل الممكنة وتوفير البرامج المتنوعة في هذا المشروع والتي يحتاجها أفراد المجتمع في هذا المركز، وترتيب الأولويات للمشروع، فالحاجات الأهم لابد من توفيرها أولا في المركز ومن بعدها الفرعيات، فلا بد من تحديد الميزانية المناسبة و الكافية من أجل القيام بكافة مستلزمات المشروع دون التوقف في أحد مراحل التنفيذ وعدم إكمال المشروع..

كذلك تحديد المستلزمات من أدوات و مكنات و ما ستكلفه، هذا بالإضافة للتخطيط لميزانية كافية للمشروع.

٣- مرحلة التنفيذ:

عندما نريد أن نقوم بتطبيق هذا المشروع على أرض الواقع يجب أن تكون جميع المستلزمات موجودة ومتوفرة حتى تستطيع المؤسسة القيام بدورها وبتحقيق الاهداف الي وضعت من أجلها، وتقوم المؤسسة باستقبال طالبي المشورة في تنظيم ورعاية الأسرة والتعرف على مشاكلهم والعمل على حل هذه المشاكل حتى يقتنع الأهالي بان هذا المشروع يؤدي لتحقيق الاهداف المرجوة من تطبيق هذا المشروع وخصوصا إذا شعر الأفراد بالتغيير الذي حصل.

أما عن بقية المراحل من متابعة والتقويم من قبل الأعضاء في الجمعيات الخيرية وذلك للتأكد من عدم وجود أي أخطاء أو قصور في المشروع وليحقق المشروع الآمال المرجوة منه لابد من متابعته منذ البداية وحل الانتهاء و بعد ذلك أيضا.

القائمون على المشروع:

وهم الكوادر المؤهلة والمدربة في مجال المشورة من ممرضات صحة وأطباء متابعين لبعض الحالات والقابلات القانونيات وأطباء الأسرة وأخصائي المشورة ويدار مركز المشورة من قبل مجموعة من المتطوعين من أعضاء الجمعيات المتعاونة.

الجهة المنفذة للمشروع:

الجمعيات المتعاونة في المجتمع المحلي لتمويل هذا المشروع وكذلك تشترك وزارة الصحة بتزويد هذه الجمعية بالطاقم الطبي اللازم وبعض المعدات والخبراء في هذا المجال.

الصعوبات المرافقة للمشروع:

أي مشروع يلاقي صعوبات عدة أن كان في الإنشاء أو في الميزانية أو في الموارد المادية لكن هناك أحد المشاكل إلى يواجهها هذا المشروع و هو مازال قيد الإنشاء و من أهمها:

١ - عدم تقبل بعض الأفراد لفكرة المشروع و قول البعض منهم أنها بدعة و أنهم ليسوا محتاجين لها فهي بمثابة فضيحة لهم و لن يتمكنوا من التكيف فيه أو المشاركة فيه والتمتع بخدماتها .

٢ - أن بعض أهالي المجتمع المحلي يرون أن المركز ليس هدفًا رئيسيًا و ليس من الاحتياجات الأولية للقرية فهذا المشروع كحلم بالنسبة لهم فلا توجد أي من هذه الجمعيات التي تقوم بحل المشكلات وتنظيم الأسرة بشكل يضمن الرفاهية.

٣ - غياب دور الرجل في هذا المشروع بالرغم من انه الهدف الرئيسي في مشاركة الرجال مثل هذه المشاريع للإحساس بالمسؤولية الموجهة لديه..

٤ - غياب المرأة في هذا المشروع نظرا للفكرة السائدة في هذه القرية على أن النساء موقعهم هو المنزل و المأتم و ليس هذا المكان الذي يعتبره العديد من أهالي المجتمع المحلي كمصحة نفسية.

٥ - هناك فئة من السكان اعتبرت أن هذا المشروع لا يجدي نفعا بل يشعل الكثير من المشاكل فوجود مثل هذه الجمعيات يعطي المرأة قوة في التمرد والبوح بالمشاكل الأسرية إلى تعتبر من الخصوصيات التي لا يرحب الرجال بإظهارها لأي شخص مهما كان.

٣- خطة لإعداد الفتاة للحياة الزوجية:

لتدارك حالات الطلاق الحاصلة في زمننا هذا بكثرة حتى بتنا لا نستطيع عدها بالأرقام العادية وفي الغالب يكون السبب الرئيسي لعدم تمكن الفتاة من النجاح في الحياة الزوجية. سوء أعدادها في بيت أهلها.. وعدم تبصيرها بحقوقها وواجبات زوجها، وتعويدها على الإتكالية فهي لا تستطيع تحضير حتى طبق البيض المسلوق أو كاس الشاي.. أو السلطة.. ولا تتقن من فنون بنآء العلاقات الجيدة إلا النزر اليسير. وما تبثه قنوات الاتصال والمعلوماتية منها التلفزيون والإذاعة والمجلات الهابطة التي تبث في نفوس فتياتنا مفهوم الحياة الزوجية بشكل خاطيء، مما يؤدي بالنهاية إلى تناقض ما تحمله الفتاة في عقلها لمفهوم الحياة الزوجية قبل الزواج وتصارع المفاهيم بعد الزواج ومنه إلى الانفصال.

أهداف المشروع :

- توعية الفتيات بأهمية ثقافة الحياة الزوجية.
- صقل عقول الفتيات بأن الثقافة الزوجية ليست حكرا على فئة معينة وجيل معين.
- توعية الأسر بأهمية تعليم الفتيات منذ البلوغ بأهمية الثقاَفة الزوجية قبل الزواج وبعد الزواج.
- إثراء هذا الموضوع من خلال المناهج الدراسية .
- التقليل من نسبة الطلاق في مجتمعاتنا.

مبررات المشروع :

١ - التقليل من نسبة الطلاق في مجتمعنا .

٢ - النهوض بثقافة المرأة القروية.

متطلبات المشروع :

١ - جهات متعاونة لهذا المشروع وتتبناه وهي (لجنة تعليم الفتاة في قريتي).

٢ - تعاون بعض المكتبات مع هذا المشروع.

٣ - البحث عن مكان مخصص لعمل المحاضرات توعوية (كلجنة تعليم الفتاة) .

٤ - توفر أجهزة الكمبيوتر (لطباعة وعمل المحاضرات الدورية).

٥- كادر للعمل يعمل بإقتناع من الجنسين.

مراحل تنفيذ المشروع :

- وضع خطة بعمل نشرات دورية توعوية على مدى الإسبوع وتوزيعها على أهالي القرية من قبل أشخاص متطوعين.

- اخبار أهالي القرية بأهمية إرسال بناتهم لهذه اللجنة عن طريق إرسال sms.

- عمل مجلة خاصة تعني بفتآة القرية.

- تخصيص مكان لعمل هذه المحاضرات.

- توفر أجهزة اتصاَلات دائمة ومفتوحة باللجنة للرد على أي استفسار.

- توفر أجهزة كمبيوتر وكادر يستطيع عمل المجلة كتطوع ومن ثم توزيعهاَ بمبلغ بسيط ومتوفر لكل عائلة والمردود المالي يوزع على كادر العمل.

- التسويق للمشروع عن طريق إقناع كل أسرة بأهمية الثقافة الزوجية عن طريق التعاون مع أشخاص لديهم القدرة على عمل محاضرات توعوية كل اسبوع ويكن لهم شان بالمجتمع لكي يكون هذا المشروع مقبولًا وقادرًا على التواصل الدائم من قبل فتيات المجتمع.

الجهات المنفذة للمشروع :

١ – المكتبات.

٢ - خدمة الاتصال.

٣ - أشخاص ذوو خبرة بعمل التصاميم والمجلات.

٤ - لجنة تعليم الفتاة.

٥ - مرشح المحافظة للدعم المالي ولتسويق المشروع بشكل رسمي.

٦ - أصحاَب محلات بيع السلعة بالجملة لشراء الكمبيوترات بسعر معقول.

٧ – هيئة تطوعية في المجتمع المحلي.

الصعوبات المحتملة:

١- عدم تعاون بعض الأسر المحافظة بحجة التقاليد والعادات .

٢- عدم تجاوب بعض الجهات لهذا المشروع .

٣- إنكار بعض الجهات لهذا الشروط بحجة أنه لا يسمن ولا يغني من جوع.

٤ – كيفية إبراز هوية المرأة بهذا المشروع وعدم رفضهاً لقيآدة مثل هذا المشروع.

الإنعكاسات المتوخاة من المشروع :

إنعكاسآت إيجابية : بأن يتم أخذ المشروع بروح ديموقراطية واعية مثقفة والعمل على حصوله.

٤- خطة لمتابعة مدمنين على المخدرات

المبررات:

١ - إدمان الأفراد على المخدرات

٢- قيام المدمنين بالتغيب عن أعمالهم وبالتالي إقالتهم من أعمالهم.

٣- تعديهم على أهاليهم بالضرب والعنف والسرقة وغيرها من الأعمال غير اللائقة.

٤ - تدني مستوى صحتهم الجسمية والنفسية .

الأهداف :

١ . عمل خطة لمساعدة المدمنين على الإقلاع عن الإدمان.

٢. مساعدتهم على التكيف الذاتي والبيئي (أسرهم ومجتمعاتهم).

٣. محاولة إرجاعهم إلى وظائفهم القديمة أو البحث عن وظائف جديدة.

٤. مساعدتهم على الاهتمام بصحتهم.

خطة العمل:

١) الاستفادة من الأساليب والنظريات العلمية السلوكية في علم النفس الخاصة بالمدمنين وخصائص المدمنين الجسمية والنفسية.

٢) الحرص على دقة التنفيذ وذلك من خلال معرفة ما تحتويه هذه الأساليب من حاجات ومتطلبات وشروط يجب توفرها في الأسرة والمركز العلاجي.

٣) استخدام الموارد والإمكانيات أمثل استخدام.

٤) المحافظة على السرية في جميع مراحل تنفيذ الخطة من اجتماعات ومناقشات وغيرها.

٥) العمل على تحقيق الأهداف الموضوعة في الخطة.

تنفيذ البرنامج :

مساعدة المدمنين على التخلص من أنواع الإدمان وآثارها في أجسامهم بالدرجة الأولى وذلك بتضافر جهود أفراد الأسرة والفريق المعالج (طبيب وممرضين ومعالج ديني ومعالج نفسي.... الخ) من خلال إحاطتهم بالحب والعطف والرعاية بالإضافة إلى البرنامج العلاجي وتناول الأدوية بانتظام .

دور الأسرة :

دور الأسرة من الناحية العلاجية :

١- مساعدة المدمن من خلال إظهار الحب والتشجيع على المواصلة في العلاج وعدم الخجل وإحساسهم بالعار من أفراد المجتمع .

٢- عمل برنامج ترويحي ترفيهي للمدمن للتخفيف من معاناته.

٣- إعطاؤه الثقة وبث روح العزيمة والإرادة في نفسه.

٤ - تشجيعه على أداء الصلوات اليومية بالإضافة إلى قراءة القرآن وبعض الأدعية لبث جو روحاني يشعره بالأمن والطمأنينة.

دورالأسرة من الناحية التنموية:

١ - إذا كان المريض ينام بمستشفى أو مركز علاجي، يمكن للأسرة أخذ الإذن لاصطحاب المريض إلى البيت في الإجازات الأسبوعية إذا كانت حالته تتحمل ذلك .

٢ - زيارة المريض عدة زيارات في الأسبوع في المستشفى .

٣ - التواصل مع الفريق العلاجي في المستشفى لتنمية قدرات المريض ومساعدته على تخطي الصعوبات والمعوقات التي تكون سببًا في الإقبال على الإدمان.

دورالأسرة من الناحية الوطنية :

بعد تعافي المريض من الإدمان على الأسرة إتباع عدة إجراءات ومنها:

١ - تغيير أجواء الأسرة السابقة والظروف التي ساعدت أو ساهمت في إدمان المريض .

٢ - عدم لوم المريض وتأنيبه حتى لا يحس بالخجل والعار والدونية بل مساعدته على التخلص من هذه المشاعر .

دور الجماعة العلاجية والمركز العلاجي:

من الناحية العلاجية:

١ - إظهار الحب والمساعدة للمريض وعدم التخلي عنه .

٢ - مساعدته والوقوف بجانبه عند إحساسه بالآلام .

٣ - التحدث معه والاستماع إلى جوانب مشكلته المختلفة وأسبابها.

٤ - يقوم الأخصائي النفسي بمساعدة المرضى بتعليمهم فنيات الاسترخاء والتأمل.

٥ - يقــوم الأخصائـي الاجتماعـي بـإدارة البـرامج والأنشـطة للجماعـة للتـرويح والترفيـه عـن أنفسـهم ومشاكلهم وآلامهم.

٦ - إعطاء المعالج الديني لـبعض المحاضرات القصيرة التي تقـربهم مـن اللـه وتعليمهم الأدعيـة الجماعية والمحافظة على الصلاة.

٧ - قيام الأخصائي الاجتماعي التخفيف من معاناتهم ومساعدتهم على تقبل مشكلتهم وأنفسهم.

من الناحية الوقائية:

١ - قيام المعالج الديني بارشاد الجماعة بأن اللـه معهم مهما صعبت الظروف وشقت عليهم الحيـاة ومصاعبها.

٢ - قيام الأخصائي الاجتماعي ببناء الثقة في أنفسهم وتعزيز نظرتهم اتجاه أنفسهم.

٣ - قيام الأخصائي الاجتماعي بتخصيص برنامجاً يتولى وقاية المجموعة من الرجوع إلى الإدمان.

٤ - قيام الأخصائي الاجتماعي بتقديم بعض الأفراد الذين مروا بـنفس المشـكلة وتخطوها ونجحوا في إكمال حيانهم العملية والاجتماعية أمام الجماعة.

دور المريض:

من الناحية العلاجية:

١ - اهتمام المريض بتنفيذ جوانب الخطة وتنفيذ نصائح الطبيب المعالج والفريق العلاجي.

٢- تقدير المريض لمشاعر أفراد الأسرة في الخوف عليه والسماح لهم بمتابعة مراحل علاجه.

٣ - نظر المريض لنفسه نظرة إيجابية كلما تعدت مرحلة من المراحل لتساعدة على العلاج وتخطي الأزمة النفسية.

٤ - قيام المريض بالتمارين الرياضية وتمارين الاسترخاء كلما أحس بحاجته لذلك.

من الناحية الوقائية :

١ - اتباع المريض النصائح والإرشادات الدينية والأخلاقية التي تحث على ترك الإدمان وتحرمه.

٢ – إعادة المريض النظر في جوانب شخصيته المختلفة وعلاقاته الاجتماعية في الأسرة وخارجها والظروف أو الأسباب التي جعلت منه مدمناً .

٣ – نظر المريض للحياة نظرة إيجابية وأن لا يقوم بحل مشكلة صغيرة بمشكلة أكبر وأصعب منها.

٤ - دوام المريض على الواجبات الدينية حتى يشعر بقيمته وأن الله معه مهما ساءت الظروف.

٥ - محاولة المريض نسيان ما مضى من مشاكل حتى يستطيع أن يتقبل نفسه وأن يواصل حياته بكل توافق.

٥- خطة متابعة المشرفين على الموت:

ظهرت حركة رعاية المرضى المشرفين على الموت (١٩٧٠)، وركزت على أهمية رعايتهم في منازلهم نظرا لطول مدة العلاج، وفشل العلاج الطبي في كثير من الحالات في مواجهة ما يعانون من أمراض تستلزم الارتفاع بالروح المعنوية للمريض أكثر من العلاج الإكلينيكي. وفي عام ١٩٨٤.. كان هناك أكثر من ألف برنامج للمرضى المشرفين على الموت.. كما أشار المؤتمر القومي للمنظمات التي تهتم برعاية هؤلاء المرضى إلى ضرورة رعايتهم سواء كانوا بالمستشفيات أو يتلقون هذه الرعاية بالمنازل، وأصبحت رعايتهم من الاتجاهات الحديثة في الولايات المتحدة الأمريكية.. واتجهت هذه الرعاية إلى الأخذ بفكرة العمل الفريقي المتكامل لدراسة حالة المريض وتهيئته اجتماعياً ونفسياً وطبياً لتقبل المرض وما ترتب عليه من فقدان الحياة بعد فترة قد تطول أو تقصر حسب حالة المريض الصحية وهناك من يرى أن تدخل مهنة الخدمة الاجتماعية ضروري وحيوي ليس مع المريض فقط، ولكن مع الأسرة وما ترتب على الحالة المرضية من تهديد لأوضاعها أو القيام بوظائفها .

كما أن العمل في هذا المجال يمثل تحديًا يواجه الأخصائيين الاجتماعيين الذين يعملون مع حالات " مرضى الشريان التاجي والموجودين في العناية المركزة على الدوام " وهم غالبا ما يكونون محاطين بالآلات الكثيرة وغالبا ما يعانون من آلام نفسية مرتبطة بهذه الأساليب التكنولوجية والخوف من الموت.. وإنه يجب على الأخصائي الاجتماعي أن يكون مستعدا للتعامل مع مظاهر الخوف التي يعاني منها هؤلاء المرضى.

أن دور الأخصائي الاجتماعي حاسم ومهم بالنسبة للفريق المعالج ولقد أشارت تقارير المنظمة الدولية لرعاية المرضى المشرفين على الموت عام ١٩٧٩ إلى الأسس التي ترتكز عليها برامج رعاية هؤلاء المرضى وهي:

أ - أن رعاية المرضى المشرفين على الموت هي نوع من الرعاية الشاملة للمريض وأسرته... وأن الخدمات يجب أن تقدم لكل أعضاء الأسرة لما قد يترتب على وفاة المريض.

ب - ان المريض يحتاج إلى الرعاية الإنسانية و الاجتماعية أكثر من العلاج الطبي لأن الرعاية الطبية إذا كانت قد قامت بدور حاَسم للسيطرة على المرض والتحكم في عدم انتشاره بالجسم. إلا أن هناك حالات أخرى قد لا يستطيع السيطرة عليها مثل حالات الإغماء المفاجيء، والقيء، وبعض العمليات النفسية المصاحبة للمرض والتي يحتاج فيها المريض إلى الدعم الروحي والنفسي- والاجتماعي.

جـ - تقدم الرعاية لهؤلاء المرضى بواسطة فريق متكامل من المهنيين والمتخصصين ويضم (الأطباء، والأخصائيين الاجتماعيين، والأخصائيين النفسيين، والممرضات، والمتطوعين، ورجال الدين ومن يقومون برعاية المريض بالمنزل، وغيرهم ممن تستدعى حالة المريض تواجده) ويتم التنسيق بين هذا الفرق بواسطة الأخصائي الاجتماعي أو الممرضة. ويتولى إدارة هذا الفريق الطبيب الذي يتولى متابعة حالة المريض والحث على استمرار علاجه خلال الفترة المتبقية من حياته، أو إلى أن يترك المريض المستشفى لاستثمار العلاج بالمنزل. ويقوم بمتابعة العلاج من خلال الممرضة أو من يرى ضرورة إقامته مع المريض لتقديم الرعاية الطبية اللازمة بالإضافة إلى الرعاية الاجتماعية من الأخصائي الاجتماعي.

د - إن رعاية هؤلاء المرضى تختلف عن رعاية أنواع أخرى من المرضى. أو رعاية النـاقهين في دور رعايـة الناقهين، حيث أن الرعاية في حالات المرضى المشرفين على المـوت تحتـاج إلى صـبر ومعانـاة، ويـتم تدريب عدد من المتطوعين لمساعدة الأسرة في تقديم أوجه الرعاية. وأهمية وجود شخص بجـوار المريض يساعد على رفع الروح المعنوية للمريض ومواجهة الاحتياجـات السـريعة أو المشكـلات الصحية الطارئة التي يعاني منها المريض أو القيام بأعمال القـراءة للمريض وعزف الموسيقى، وإلقاء الشعر، أو مجرد الجلوس مع المريض كصديق يملأ عليه وقت فراغه ويزيل عنه الشعور بالوحدة والعزلة.

هـ ـ أن برامج رعاية المرضى المشرفين على الموت متاحة لمدة ٢٤ ساعة يوميا، وطـول الأسـبوع، وهنا يكون عمل الأخصائي الاجتماعي عملا غير تقليدي، وذلك للإجابة عن تساؤلات الأسرة أو اسـتدعاء الأسرة في حالة الضرورة، حتى يكون لـدى الأسرة شعـور بالاطمئنـان علـى المـريض. كمـا يستطيع الأخصائي الاجتماعي أن يعطي للطبيب فكـرة عـن تطـور الحالـة أولًا بـأول مـن حيـث أبعادهـا الاجتماعية والنفسية.

و - أن هذه الرعاية شاملة للمريض سواء كان في منزله أو المستشفى أو في أي مؤسسة أخرى للرعايـة والتمريض وأن هذه الخدمات هـي معـبر مـا بـين المستشفى والمـريض. ومـا بـين إدارة الخدمـة الاجتماعية وما يحيط بالمريض من ظروف ومشكلات سواء كان ذلك في إطار المستشفى أو خـارج إطارها.

ز - أن هذا النوع من الرعاية يقدم سواء أثناء مروره بعملية العـلاج والرعايـة أو بعـد الوفـاة حيـث تستمر الرعاية إلى الأسرة. وعمـل الأخصائي الاجتماعي حينئذ يكون

كمستشار للأسرة خلال فترة الحزن ويعمل على الإسراع بإنهاء الإجراءات الخاصة بالمريض ومساعدة الأسرة على مواجهة المشكلات التي قد تترتب على الوفاة.

إن الشخص الذي يصاب بأحد الأمراض الخطيرة "أمراض الموت" تنتابه نزعات تدميرية للذات، وعدم التوازن، والحزن العميق، وفي مثل هذه الحالات تفيد نظرية الأزمة في الحد من المشاعر والإسراع بالإمكانات المتوفرة بالمستشفى ليس فقط الإمكانات الطبية ولكن الإمكانات الخاصة بعمل الأخصائي الاجتماعي ومهارته، في امتصاص مثل هذه المشاعر. وهذا يتطلب مجموعة من الخطوات يجب على الأخصائي الاجتماعي القيام بها مثل:

أ - عدم ترك المريض في قائمة الانتظار والتحرك السريع الفعال لمواجهة ما يعترض المريض من إجراءات تعوق مواجهة ما يتعرض له من أزمة أو كارثة.

ب - استخدام العلاج الاجتماعي النفسي بمجرد تشخيص الحالة وتحديد نوعية المرض مستعينا في ذلك بالمهارات الخاصة بالمهنة وبغيره من المهنيين والأخصائيين النفسيين والأطباء بالمستشفى.

ج - إيجاد وتنمية الخدمات التي تواجه أي تطورات في حالة المريض أو أسرته.

د - القيام بعملية المتابعة بصفة مستمرة سواء من خلال التليفون أو المقابلات، أو الزيارات حتى لا يشعر المريض أو أسرته بأي نوع من الإهمال قد يكون له تأثير ضار على الحالة.

يعمل الأخصائي الاجتماعي على ما يلي:

- جمع بيانات من المؤسسات الخيرية والحكومية والأفراد الراغبين في التبرع والمساعدة.

- تنمية الموارد المتصلة بخدمات الإسكان والغذاء والمواصلات ... وذلك للمرضى الذين يأتون من مناطق بعيدة.

- القيام بتوفير برامج تأهيلية لأسرة المريض. لمساعدتهم على رعاية المريض أو تقديم أي خدمة يحتاجها أثناء فترة الرعاية سواء بالمنزل أو المستشفى.

- القيام بإجراءات الخروج بالنسبة للمرضى الذين أثبت التقرير الطبي عدم جدوى العلاج لهم وضرورة استكمال بقية العلاج بالمنزل إلى أن تتم الوفاة.. وما يتعلق بذلك من ملفات وتقارير .. وتخصيص إحدى الممرضات أو أحد المتطوعين لمتابعة الحالة- أو القيام بإنهاء الإجراءات الخاصة بالمريض بعد الوفاة وسرعة نقل الجثمان وتوجيه الأسرة إلى المؤسسات التي يمكن أن تقدم لهم مساعدات لمواجهة أي مشكلات أو احتياجات خاصة باَلأسرة أو أحد أفرادها.

يمكن للأخصائي الاجتماعي أن يستخدم مهارته المتصلة بالعمل مع الجماعات والأسس النظرية للعلاج الجماعي وديناميكية الجماعات لمساعدة المرضى المشرفين على الموت وذلك من خلال استخدام الجماعة كوسيط لكى يتوافق المريض مع ما أصابه من مرض ومع البيئة المحيطة به. ويفيد استخدامه كعلاج فيما يلي:

- الحصول على معلومات أكثر تتصل بالمرض وكيفية متابعة العلاج من مرضى لهم نفس الظروف.

- محاولة توجيه اهتمام المريض إلى محاولات أخرى غير المرض وتحسين علاقته بزملائه، وبالأسرة، وبالفريق المعالج أيضاً.

- إتاحة الفرصة للمريض لكي يعبر عن مشاعره واهتماماته وبالتالي التخفيف من حدة الأزمة التي يشعر بها المريض نتيجة الإصابة بمرض الموت.

٦- خطة الاكتشاف المبكر للاعتداء الجنسي:

أولاً العلامات التي تبين أن الطفل تعرض للاعتداء الجنسي:

علامات سلوكية:

- إتخاد السلوك الجنسي مثل أن يلعب الطفل بالعرائس طريقة جنسية .
- كثرة الغضب والعدوان والهروب من المنزل.
- تغير في السلوك مثل النوم بطريقة مكورة كالجنين في بطن أمه أو مص الأصابع (أي النكوص لمراحل أولية من عمره فيها إحساس بالأمان)
- تدهور في مستوى الدراسة.
- إضطراب في النوم مع وجود أحلام مزعجة.
- صعوبة في التركيز مع أي عمل يقوم به.

علامات إنفعالية أو وجدانية:

- وجود مزاج حزين أو مكتئب.
- وجود قلق أو خوف من مكان معين (في الغالب هو المكان الذي حدث فيه الإعتداء الجنسي).
- الإنعزالية.

- عدم الثقة بالنفس.

- تأنيب الضمير والإحساس المستمر في الذنب.

علامات جسدية:

- الألم في البطن.

- الألم في الجهاز التناسلي (البولي والإخراجي أو الشرج).

- وجود بقع دم في الملابس الداخلية للطفل.

- وجود أمراض تناسلية مثل السيلان أو الزهري وفي بعض الأحيان الإيدز.

- تكرار التهاب المجرى البولي للطفل.

- التبول أو التبرز اللاإرادي.

إن كثيراً من الأباء يخافون أن يتحدثوا عن أي شيء له علاقة بالجنس مع أطفالهم خوفاً من أن يكون هذا الحديث ليس مناسباً لعمرهم، لكن الحقيقة هي غير ذلك، لأن أطفالنا اليوم مع وجود وسائل الإتصال الحديثة مثل الإنترنت كل ذلك عرض أطفالنا مبكراً جداً لهذه المسائل الجنسية.

لذلك وجب على كل أب وكل أم أن يبدؤوا مبكرا في تدريب أبنائهم على حماية أنفسهم خاصة من الاعتداء الجنسي ويفضل أن يكون مبكراً في العام الرابع من العمر لأن هذه المرحلة هي أكثر المراحل من عمر الطفل المستهدفة للاعتداء الجنسي:

- للتعرف على ما حدث أجعل الطفل يتكلم بطريقة الخاصة به للتعبير والاستفسار عما حدث.

- لا تشعر الطفل وأنت تحاول الاستفسار عما حدث على أنك تستجوبه أوكأنه في محكمة صغيرة في كل مرة وبجمع هذه المعلومات يمكنك معرفة التفاصيل كاملة.

- كن هادئاً ولا تظهر مشاعر الخوف والهلع مما حدث، لأن ذلك يجعل الطفل لا يقدر على الاسترسال في الحديث.

- يجب إشعار الطفل أن كل ما يشعر به تقدره الأسرة والمحيطون به، وأن ما يشعر به أو يتعرض له ليس سيئاً أو عيباً يجب ألا يقوله.

- يجب الاستماع للطفل والإنصات له حتى لو تحدث عن شيء فظيع جداً، وعدم إظهار وجهة النظر الشخصية لما حدث، أو إظهار خوفك مما حدث.

- يجب تعريف الطفل أنه يستطيع الحديث في أي شيء يشعر به أو يطرأ على فكره وأنه ليس من العيب الحديث عن ذلك ولا نرفض أبداً الاستماع إليه.

- هدئ من روع الطفل وأظهر له أنك ما زلت تحبه، وأنك لن تلومه على أي شيء.

- اجعل الطفل يشعر أنه من حقه أن يشعر بالأمان، وأنك سوف تقوم بهذه الحماية.

- طمئن الطفل وبين له أن هذا الاعتداء الجنسي عليه لن يدمر حياته، ويجعله أقل من أقرانه، أو أنه سوف يكون شخصاً غير مرغوب فيه ممن حوله.

٧- برنامج إعداد الفتيات للحياة الزوجية

١- أهداف المشروع:

١. توعية الفتيات المقبلات على الزواج.

٢. تقليل من نسبة الطلاق.

٣. إعداد جيل واعي.

٤. تقليل من نسبة العنوسة.

٢- مبررات المشروع :

اخترت المشروع بسبب زيادة ظاهرة الطلاق والعنف الأسري.

٣- متطلبات المشروع :

احتياجات بشرية :

١- كادر للعمل (ذكور وإناث).

احتياجات مادية :

١. تعاون المكتبات من أجل عمل نشرات توعوية وطباعة كتيبات.

٢. توفير أماكن مخصصة لعمل ندوات توعوية.

٣. توفير وسائل تكنولوجية متطورة .

احتياجات مالية:

١. تعاون القطاع الخيري التطوعي للمساعدة.

٢. تعاون أهالي المنطقة في تقديم المساعدة.

٤- مراحل تنفيذ المشروع :

- وضع استيراتيجية وأهداف واقعية حقيقية مدروسة.
- التعرف على المشكلة عن قرب ومعرفة الأسباب.
- رصد الأسباب ومحاولة اختيارها في أرض الواقع .
- النزول إلى الميدان ومحاولة تقريب المسافات بين الباحث والأخصائي الاجتماعي والعملاء.
- محاولة البحث عن حلول عن طريق العملاء أنفسهم.
- التدخل بنصيحة وإرشاد.
- إيجاد مؤسسات تساهم في حل المشكلة.
- معرفة النتائج الحقيقية والتعرف على السلبيات والإيجابيات.

٥- الصعوبات المتوقعة لمواجهة المشروع :

١. عدم تقبل الجميع لتغيير الذات.

٢. الغموض في أسباب المشكلة .

٣. عدم توفر الوسائل المطلوبة بشكل جيد.

٤. عدم وجود أماكن مخصصة للندوات.

٥. عدم تفاعل الأزواج والأهالي مع البرنامج.

٦. ضعف الميزانية.

٦- الجهة المنفذة للمشروع :

القطاع الخيري التطوعي.

٧- الانعكاسات :

الإيجابية :

١. توعية أهالي القرية والفتيات المقبلين على الزواج.

٢. حل الكثير من المشكلات وانخفاض مستوى الطلاق.

٣. اندماج وتقبل الزوجات بظروف الاقتصادية والاجتماعية.

السلبيات:

١. تفاقم بعض المشكلات بسبب عدم معرفة الأسباب الحقيقية.

٢. الاعتماد على الآخرين في حل المشكلات.

٨- برنامج تنظيم ميزانية الأسرة

أهداف المشروع:

١. الحفاظ على كيان الأسرة.

٢. التشجيع على وضع ميزانية خاصة بالأسرة تحسباً للطوارئ.

٣. تحقيق مبدأ المشاركة.

٤. غرس مبدأ القناعة.

مبررات المشروع:

١. هناك الكثير من الأسر خصوصاً حديثة الزواج تغفل عن وضع ميزانيـة خاصة بهـا، فتظل نهايـة الشهر عاجزة عن وفاء متطلباتها، فـالزوجين يكونـان صـغيرين في السـن يجهلان وضـع ميزانية وترتيب واضح لمصروفاتها.

٢. وكذلك الحفاظ على كيان الأسرة وتحقيق سعادتها لأنها المؤسسة الأولى الهامـة في بنـاء الإنسـان، وتحقيق الحد الأدنى من العيش الكريم تحت مظلة القناعة.

متطلبات المشروع:

المجموعة الأولى:

١. الدراسة الوافية حول وضع الميزانيات.

٢. الدراسة الوافية للموضوع الاقتصادي والاجتماعي الموجود في القرية.

٣. تعاون المتخصصين أو من ذوي الخبرة أو طلاب الخدمة أو علم الاجتماع وعلم النفس.

٤. تعاون الجهات المعنية بالمشروع.

٥. التعاون مع الجهات المعنية لتوفير الدعم والمستلزمات الخاصة بعمل هذه الدورات سواء وقتها أو مكان عقدها.

٦. طبع الكتيبات وعمل الإعلانات الجاذبة للمشروع.

المرحلة الثانية:

قبل كل شيء لا بد من توافر نقطتان هامتان في وضع ميزانية خاص بالعمل وهما:

❖ معرفة الدخل الشهري والسنوي للأسرة ومعرفة المصروفات على مدار السنة استعداداً لها في الموعد المحدد.

❖ يجب أن لا تزيد المصروفات عن الدخل، بل يجب أن تكون أقل، والاستفادة منها إذا لـزم الأمر.

بعض الأفكار لميزانية ناجحة:

١. **تكليف شخص بالمتابعة:**

لا بد من أن يكلف الزوجان شخصاً تكون مهمته مراقبة المصروفات ومتابعة الإيرادات للأسرة، وقـد يكون الزوج هو المؤهل بالدور أو الزوجة أو أي شخص آخر. المهم ألا تكون المسألة عائمة وضـائعة، (على البركة)، بل لا تأتي على البركة إلا عندما يتحرى الإنسان الأسباب ويتابعها.

٢. الكتابة:

لا بد من كتابة كل دخل الأسرة من الإيرادات سواء كانت هذه الإيرادات من راتب شهري أو مكافأة سنوية أو ميراث أو وصية أو عائد استثماري، وكذلك كتابة ما يصرفه الزوجان يوماً بيوم من مطعم ومشروب وملبس وتعليم وأدوية ووسائل اتصال ونقل وأثاث وخدم وغير ذلك.

٣. وضع دفتر خاص:

يجب أن يضع الزوجان دفتراً خاصاً للحسابات الأسرية ولا يشترط أن يكون على أنظمة المحاسبة المعتمدة، بل المهم أن تبين فيه الإيرادات والمصروفات والتوفير، ليقوم الزوجان بالمتابعة والمراقبة، وإذا كان أحد الزوجين يحب التعامل مع (الكمبيوتر) فهناك برامج خاصة لمتابعة الميزانية الشخصية.

٤. تطوير النظام المحاسبي:

بعد فترة من الكتابة والمتابعة يمكن للزوجين أن يطورا نظامهما المحاسبي، ويستفيدا من تجاربهما السابقة ويضعا جدولا خاصا بهما حسب مصاريفها وإيراداتهما.

٥. المرونة عند التنفيذ:

لا بد أن يكون من يتعامل مع التخطيط والميزانيات مرناً. تحسباً للظروف التي قد تحتاج إليها الأسرة من غير حساب، فيكون مستعداً لذلك، بحيث يجعل الميزانية تستوعب أي مستجدات طارئة.

٦. **تعليم الأبناء:**

لا بد أن يجلس الزوجان مع أبنائهما للتحدث بخصوص الميزانية، وكتابة الحسابات حتى يتعلم الابن أن الوالدين يخططان للأسرة ويقدّران المصاريف، فليس كل ما يشتهيه يشتريه، إلا إذا سمحت الميزانية بهذا، كما أن الأبناء يستفيدون من ذلك كيفية إدارة حياتهم المستقبلية.

٧. **خطط للمستقبل:**

إن المحافظة على الميزانية تتطلب معرفة الوالدين بالخطط المستقبلية للعائلة والأهداف التي يسعيان إلى تحقيقها حتى يستطيعا أن يدخرا من المصروف ما يلبي حاجات الأسرة المستقبلية من بناء البيت وزواج الأولاد والمصاريف الصحية عند الكبر وغير ذلك.

الجهات المنفذة للمشروع:

١. القطاع الخيري التطوعي.

٢. وسائل الإعلام المختلفة.

الصعوبات المتوقعة المواجهة للمشروع:

١. ضعف الإقبال على المحاضرات والندوات.

٢. عدم تعاون الجهات المتوقع منها التنفيذ والتعاون.

٣. عدم ملاءمة الوقت لبعض الأسر.

مواجهة تلك الصعوبات:

١. الإعلام المكثف.

٢. تقديم شخصيات لها وزنها في القرية.

٣. طرح استطلاع للرأي حول الوقت المناسب.

الانعكاسات المتوخاة من إنجاز المشروع:

يتوقع للمشروعات انعكاسات إيجابية تتمثل بما يلي:

• وذلك عن طريق استفادة الأسرة من المشروع حيث تحقق وتفي بمتطلباتها الخاصة وتحقيق الرفاهية والمحافظة على كيانها.

• تعليم الأبناء مبدأ المشاركة وكيفية إدارة حياتها المستقبلية حيث لا إسراف ولا تقتير.

٩- مشروع مركز للأسر المنتجة

مركز الأسر المنتجة

مقدمة:

ظهـرت فكـرة مشـروع الأسـر البحرينيـة المنتجـة في بدايـات السبعينات، وذلك بإنشـاء مراكـز التنميـة الاجتماعي التي جاء إنشاؤها في ذلك الوقت، بهدف مساعدة الأسر المحتاجة على تحسين مستوى دخلها المادي وتحويلها من أسرة متدنية الدخل إلى أسرة منتجة تسهم في رفع مستوى معيشتهم وبهذا تـم التفكير في وضع مركز الأسرة المنتجة في المجتمع المحلي.

أهداف المشروع:

١. يوفر المشروع للأسر المستفيدة فرص التدريب على صناعات منزلية متعددة.

٢. يوفر لهم الحصول على الخامات والمعدات اللازمة للإنتاج.

٣. يوفر المشروع للأسر المنتجة إمكانات تسويق منتجاتها عن طريق ما يقـام مـن معـارض لبيـع هـذه المنتجات في المراكز التجارية الهامة.

مبررات المشروع:

بسبب انتشار حالات الفقر في مجتمع البحرين، أو فقد المعيل بسبب المـوت وبـذلك فهـو عمـل إنتـاجي والهدف منه تنمية موارد الأسر محدودة الدخل وتحويلها من أسر محتاجة تعتمد علـى مسـاعدات ماليـة مـن وزارة التنمية الاجتماعية إلى أسر قادرة على الإنتاج و الاعتماد على مواردها الذاتيـة، إضـافة إلى نشر وتـدعيم الصناعات البيئية والمنزلية، ويتم تسويق هذه المنتجات في المعارض المحلية والخارجية التي تشارك فيها الوزارة والمراكز.

متطلبات المشروع:

١. تدريب الأفراد والعائلات في تطوير قـدراتهم للحصـول عـلى دخـل يعتمـد عليـه في رفـع مسـتوى معيشتهم.

٢. العمل على توفير مجموعة من المدربين المختارين وهم من أساتذة ومدرسي فنون وفنانين.

٣. العمل على توفير ورش العمل وتجهيزها بمعداتها اللازمة.

٤. توزيع الأعضاء على حسب ميولهم وقدراتهم.

الغايات النهائية للمشروع:

١. يهدف المشروع إلى تحويـل الأسر المعالة إلى أسر منتجـة قـادرة عـلى تـوفير حيـاة كريمـة لأفرادهـا، وتحسين مواردها الذاتية ورفع مستوى الدخل لهذه الأسر.

٢. يوفر المشروع فرص التدريب على صناعات حرفية متعددة ويتيح لهذه الأسر الحصول عـلى قـروض ميسرة.

٣. يسعى المركز لتسويق منتجات الأسر المنتجة بالتعاون مع مؤسسات المجتمع المدني والقطاع الخاص من خلال مشاركتها في المعارض الداخلية والخارجية.

٤. المساهمة في تطوير هذه الفئات ومساعدتهم على استغلال طاقاتهم وتسـهيل عمليـة إدماجهم في المجتمع.

٥. تطوير الحرف والصناعات المنزلية والمصنعات التقليدية وزيادة قدرتها التنافسـية مـع المنتجـات الأخرى المماثلة في السوق المحلية والخليجية.

الخطوات اللازمة للمشروع:

مرحلة التجهيز:

١.   توفير المكان اللازم لإقامة المشروع.

٢.   جمع الأموال من المتطوعين من الأهالي والجهة الحكومية.

٣.   العمل على نشر أهداف البرنامج.

٤.   فتح باب التسجيل للراغبين في العمل.

٥.   إجراء المسح الاجتماعي عن الأسرة الفقيرة وحثها على الانضمام في المركز.

٦.   توفير الخامات اللازمة.

٧.   توفير المدربين والفنانين.

مرحلة النشر والدعاية:

توزيع البرنامج على البيوت والمساجد والبرادات للتعرف على محتوى البرنامج وفتح باب التسجيل.

مرحلة التنفيذ:

١.   البدء بالعمل في المركز.

٢.   التركيز على تعاون الأفراد معاً في تحصيل العمل الجيد.

٣.   توزيع المجموعات حسب ميولهم ورغباتهم في البرامج والأنشطة المنفذة في المركز:

أ- مشاغل التفصيل والخياطة

تهدف إلى مهارات المرأة من خلال التدريب على إكمال التفصيل والخياطة في دورة لمدة تسعة شهور، ويتم منح المتدربات شهادة رسمية تؤهلهم للحصول على مهنة نافعة أو العمل بمصانع الملابس الجاهزة.

ب- الحرف اليدوية:

تهدف إلى تنمية المرأة ورفع المستوى الاقتصادي لها وذلك بالتدريب على بعض الأشغال اليدوية والحرف التقليدية والمتطورة والملائمة لاحتياجات البيت وذلك بممارسة العمل لتوفير دخل مناسب للأسرة ومدة التدريب أربعة شهور.

٤. التعرف على أهم المنتجات الأسر المنتجة:

من أهم منتجات وخدمات المركز الأسر المنتجة:

١. **غزل ونسج الصوف "السدو"**: إحدى الصناعات المتوارثة من البيئات البدوية والصحراوية، وتحتاج إلى السرعة والمهارة والصبر، وتقوم على فرز الصوف وتنظيفه وتنشيفه وتحويله إلى منتجات صوفيه كسجاد الصوف والمعلقات الجدارية وتصاميم أخرى بألوان وأشكال متنوعة.

٢. **الكروشيه**: صناعة يدوية حديثة تعتمد على خيوط خاصة، وتخيط بالإبرة يدويا وتشكل حسب الرغبة لتصنيع الهدايا والفساتين والقبعات والشراشف.

٣. **الخط**: مهارة فنية يقوم فيها الخطاط باستخدام أقلام القصب أو البوص الحبر الأسود لخط الآيات القرآنية الكريمة ووضعها في براويز لتعليقها على الجدران ومداخل البيوت كنوع من الفن التشكيلي.

٤. **التحف الخشبية:** تستعمل الخامات الخشبية البسيطة كالأعواد وبقايا خشب النجارة في صناعة منتوجات خشبية للأطفال.

٥. **نقوش الحناء:** إحدى أشهر وسائل الزينة العشبية للمرأة لتخضيب وتلوين ونقش وزخرفة اليدين والقدمين، خصوصاً في الأعياد الدينية والأفراح والمناسبات الوطنية وتتفنن السيدات والفتيات في تشكيل ورسم الزخرفة ونقوش الحناء الجميلة والمميزة.

٦. **الخياطة والتطريز:** هي إحدى المهارات الفنية التي تتمتع بها المرأة وفيها تقوم بالخياطة الآلية على آلة الخياطة وتستعمل فيها الأقمشة المختلفة لصناعة ملابس الأطفال والمفارش للمواليد وغيرها من أنواع المخيطات المنزلية.

٧. **تلوين المرايا الزجاجية:** يتم تلوين المرايا بإضافة رسومات وأشكال زخرفية حسب المطلوب، وتستعمل كزينة للمنازل والمعارض.

٨. **النحت على الخشب:** يتم الحفر بآلة دقيقة على الخشب العادي حسب الرسومات والأشكال الهندسية المطلوبة ثم تصبغ القطعة الخشبية وتستخدم كزينة على الجدران.

٩. **التشكيلات الجبسية:** يعتمد على استخدام الجص وعجنه في قوالب معينة تحفر عليها باليد نقوش إسلامية تعرض لأشعة الشمس لتجف ثم تصبغ حسب اللون المطلوب.

١٠. **الرسم على القماش والزجاج:** مهارة يدوية حديثة تعتمد على استغلال الأقمشة البيضاء والأواني الزجاجية بحيث ترسم عليها نقوش إسلامية وآيات بألوان زيتية، وتباع في المعارض والمحلات كأدوات لزينة المنازل والغرف.

١١. **تلوين وصناعة الفخار:** صناع يدوية تعتمد على مهارة استخدام الطين في صناعة بعض الأواني المنزلية التقليدية وتتم عملية عجن الطين بالماء وتوضع في أحواض مخصصة ويصب عليها الماء ثم تعجن بالأرجل حتى تصبح رخوة سهلة التشكيل ثم توضع على الدولاب، يحرك بالأرجل، وأثناء الدوران يقوم الحرفي بتشكيل العجينة بأنامله ويشكلها حسب الرغبة، وأهم منتج الفخار الجرار، المباخر، المزهريات، وغيرها. ومن أهم المناطق التي تشتهر بصناعة الفخار قرية عالي.

١٢. **تنسيق الزهور:** صناعة حديثة تعتمد على خامات محلية وخارجية ويتم تشكيل الأواني الزجاجية والورود وأصداف البحر لعمل باقات ومزهريات وكذلك صنع علب الهدايا. أيضا كأدوات زينة للمنازل.

١٣. **تصميم الأشكال والمجسمات:** مهارة تعتمد على استخدام الطين الطبيعي وتشكيله على مجسمات بيوت صغيرة قديمة مع وضع الزخرفة الإسلامية عليها وتكوين الأشكال بشكل متطابق مع نماذج البيوت البحرينية التقليدية.

١٤. **تحضير البهارات والتوابل:** تعتبر ضمن مكملات الأغذية والأطعمة فهي تقوم على جمع أعشاب التوابل الطبيعية المستوردة من الخارج من الهند وتنتج محلياً حيث يتم غسلها وتجفيفها ثم طحنها لتصبح ناعمة وتضاف كنكهات تضفي مذاقاً ورائحة على الأطعمة المطبوخة.

١٥. **حياكة النسيج:** تعتبر من أهم الحرف التقليدية التي توارثها الأبناء عن الأجداد في البحرين وهي صناعة تقوم على حياكة الملبوسات والأقمشة التي تعتمد على الخيوط النسيجية وآلة حياكة النسيج التقليدية ومن أهم القرى البحرينية التي تشتهر بحياكة النسيج بني جمرة وبعض القرى المجاورة.

الجهات المنفذة للمشروع:

القطاع الخيري التطوعي.

التحديات المتوقعة :

صعوبة الحصول على التمويل الكافي للمشروع.

الانعكاسات المتوخاة من انجاز المشروع:

تحول الأسرة من الأسرة متدنية الدخل إلى أسرة منتجة تعتمد على ذاتها.

توضيحات

١- أساليب العلاج الأسري:

١ - العلاج الذاتي :

١ - العلاج التنفيسي والإستبصاري.

٢ - العلاج العلاقي.

٣ - العلاج الواقعي.

٢ - العلاج البيئي المباشر:

١ - خدمات مادية عينية.

٢ – خدمات مؤقته .

العلاج الذاتي:

عمليات تأثيرية تهدف لإحداث تعديل إيجابي مقصود لشخصية العميل من مختلف جوانبها الجسمية والنفسية والعقلية والاجتماعية.

أ : تعديل السمات:

١ - طبيعة الموقف الإشكالي.

٢ - درجة عمقه.

٣ - طبيعة شخصية العميل .

ب : تدعيم ذات العميل في ضوء:

١ - علاقة مهنية قوية بين الأخصائي الاجتماعي والعميل والأسرة.

٢ - تعاطفه مع ظروفه السيئة.

٣ - خطوة المبادرة خصوصا للعميل الخائف المتردد.

٤ - إستخدام اسلوب التوكيد.

٥ - تعديل الاعراض الظاهرة والمستترة.

٢ - أهداف التدخل المهني في العلاج الأسري:

١ - أهداف تنموية.

٢ - أهداف وقائية.

٣ - أهداف علاجية.

الإستيراتيجيات المتميزة في المجال الأسري:

١. تحقيق التوازن الحدي.

٢. القدوة الحسنة.

٣. المسؤولية الإجتماعية.

٤. التشريعات الاسرية.

٥. إستيحاء الشعور بالذات.

٦. إستراتيجيات ما قبل الزواج.

٧. العمل الفيزيقي .

٣ - خطة العلاج :

يسعى من أجل تحقيق أكبر قدر من التغيير الفعال في فترة قصيرة من الزمن.

الإفتراضات الأساسية :

● يحضر الناس للعلاج نتيجة وجود مشكلة ما، قد تكون مشاكل جسمية أو مشاكل تتعلق بالحياة اليومية .

● يبحث الناس عن مساعدة الطبيب عندما تفشل محاولاتهم المتكررة لحل هذه المشاكل .

● إصرار المريض على الحل المقترح من قبله، مما يؤدي إلى تفاقم المشكلة وشعوره باليأس .

● العلاج الفعال هوالذي يركز على الهدف الصحيح، وهو تصحيح طريقة التعامل مع المشكلة مـن مـا قد يحد من اليأس ويبدأ عملية التغيير.

المبادئ:

- تحديد صاحب المشكلة وتجنب من المستفيد من المشكلة حتى لو كان المريض نفسه كالتحدث إلى الوالدين رفض إبنها الذهاب إلى المدرسة.
- يهتم العلاج النفسي (بماذا) يشعر المريض وكيف وصل إلى ذلك وليس سبب هذا الشعور.
- يأتي المريض للعلاج نتيجة للمحاولات الفاشلة المتكررة لعلاج مشكلة
- تخطيط المعالج لما سيقوله ويفعله، والعلاج يحدد بطريقة تختلف من حالة لأخرى، فالهدف هو التغيير .
- يحدد المعالج الأهداف مع الجلسات (١٠ جلسات) لتسهيل عملية التقييم.

أنواع العلاج الاجتماعي التي أكد عليها المعنيون بحل المشكلات الاجتماعية التي يعاني منها الفرد:

(عملية منظمة بين الأخصائي الاجتماعي والعميل)

- علاج وقائي
- علاج بيئي
- علاج اجتماعي
- علاج نفسي

برنامج متكامل يقوم به الطبيب والأخصائي الاجتماعي والمدرس لمنع حالة من التدهور وإبطال مفعول أسبابها يهدف مساعدة العميل وتعديل أثار البيئة على سلوكه الاجتماعي.

تقوية ذات العميل:

- تنمية الشخصية.
- معاونة العميل على التوافق النفسي والاجتماعي .

٤ - بعض الوسائل العلاجية:

- القضاء على سلبية المريض عن طريق تغيير مفاهيمه وانفعالاته لتحسين سلوكه وعلاقاته.
- أن يحدد المريض لنفسه فترةزمنية لتحسنه، وعليه أن يتوقع نكسات زنوبات قصيرة مما يؤدي لتحسن حالته.
- قد تؤدي محاولة التغيير لتردي حالة المريض وقد ينصح الطبيب المريض بالإستمرار في طريقه مما قد يؤدي إلى نتائج عكسية .
- التغلب على تشاؤم المريض: عدم فائدة محاولة بث الأمل في المريض لذلك يجب مشاركته تشاؤمه لفتح باب المناقشة، وقد يحاول المريض إثبات العكس مما يؤدي لتفاؤله .
- مدخل غير منطقي : يبدو محاولات المرض الفاشلة منطقية لذا قد تنجح المحاولات الغير منطقية كنصح المريض الذي يعاني من الأرق أن يسهر طوال الليل فهذا قد يؤدي إلى النوم العميق

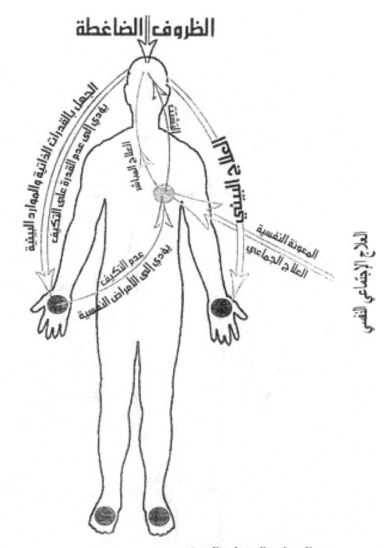

الظروف الضاغطة

العلاج البيئي

العلاج الاجتماعي النفسي

المعونة النفسية
العلاج الجماعي

يؤدي إلى مرض القدرة على التكيف

الحمل بالقدرات الذاتية والموارد البيئة

العلاج السلوكي

عدم التكيف
يؤدي إلى الأمراض النفسية

● الجانب العقلي الفكري
● الجانب الوجداني الإنفعالي
● الجانب الجسمي العملي

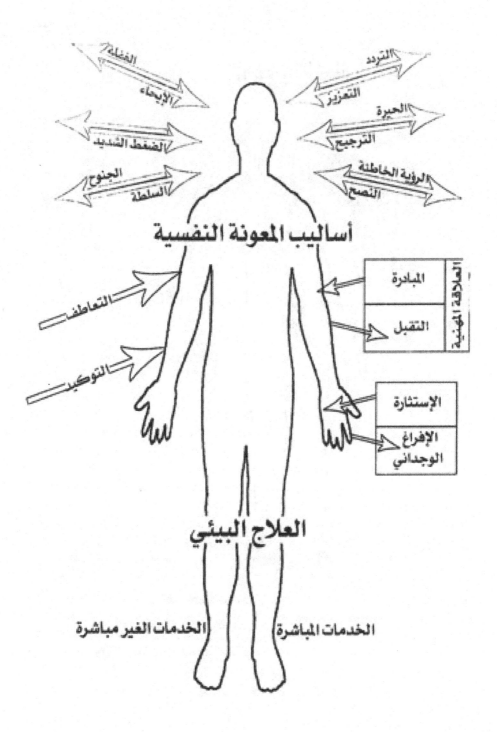

مصطلحات الممارسة المهنية للخدمة الاجتماعية

rhythm	اتزان
consistency	اتساق
Social consensus	اتساق اجتماعي
Communication ,social	اتصال اجتماعي
Social contact	اتصال اجتماعي
Mass communication	اتصال جماهيري
Social disequilibrium	اختلال التوازن الاجتماعي
Agent , change	أخصائي تنمية المجتمع
Group worker	أخصائي خدمة الجماعة
almoner	أخصائية صحية اجتماعية
Reconstruction , social	إصلاح اجتماعي
Social fermentation	اضطراب اجتماعي
familiarity	ألفة
Social order	نظام اجتماعي
Social goals	أهداف اجتماعية

Social distance	تباعد اجتماعي
Planning, social	تخطيط اجتماعي
Planning , local	تخطيط محلي
Social , ossification	تحرك اجتماعي
Social mobility	تحرك اجتماعي
Social provisions	تدابير اجتماعية
Social stratification	تدرج اجتماعي
decadence	تدهور
Social legislation	تشريع اجتماعي
group	جماعة
Mobility , social	حراك اجتماعي
Social needs	حاجات اجتماعية
Social barrier	حاجز اجتماعي
Mass culture	ثقافة جماهيرية
Social inertia	جمود اجتماعي
Social sanction	جزاء اجتماعي
Medical social work	خدمة اجتماعية طبية
Social work	خدمة اجتماعية
Rural social work	خدمة اجتماعية ريفية
Biosocial characteristics	خصائص حيوية اجتماعية

Social stimilus	حافز اجتماعي
Social movement	حركة اجتماعية
Reformation , the	حركة إصلاح
Mass movement	حركة جماهيرية
Sociological determinism	حتمية سوسيولوجية
Social needs	حاجات اجتماعية
Social barrier	حاجز اجتماعي
Social dynamics	ديناميات اجتماعية
Group dynamics	ديناميات الجماعة
Social defence	دفاع اجتماعي
Sociogenic motives	دوافع اجتماعية النشأة
Social role	دور اجتماعي
Social entity	ذاتية اجتماعية
Social self	ذات اجتماعية
infrastructure	رأس مال اجتماعي
Social symbol	رمز اجتماعي
Social welfare	رفاهية اجتماعية
Social statics	سكون اجتماعي
Social maladjustment	سوء التوافق الاجتماعي
Social policy	سياسة اجتماعية
behaviour	سلوك اجتماعي

Social trait	سمة اجتماعية
Social hygiene	صحة اجتماعية
Social conflict	صراع اجتماعي
Social security	ضمان اجتماعي
Security , collective	ضمان جماعي
Social discipline	ضبط السلوك الاجتماعي
Social class	طبقة اجتماعية
Abstract social class	طبقة اجتماعية مجردة
Social phenomena	ظواهر اجتماعية
Social instability	عدم الاستقرار الاجتماعي
Social disintegration	عدم التكامل الاجتماعي
Social immobility	عدم المرونة الاجتماعية
Social inequality	عدم المساواة الاجتماعية
Social contagion	عدوى اجتماعية
Social justice	عدالة اجتماعية
Social mind	عقل اجتماعي
Group mind	عقل جماعي
Collective mind	عقل جمعي
Social treatment	علاج اجتماعي
Treatment in case work	علاج اجتماعي
Social action	عمل اجتماعي

Social teleology (Telesis)	غائبة اجتماعية
Social objiect	غرض اجتماعي
Social deterioration	فساد اجتماعي
Social thought	فكر اجتماعي
Social , philosophy	فلسفة اجتماعية
Social category	فئة اجتماعية
Social ability	قدرة اجتماعية
Social issues	قضايا اجتماعية
Social unrest	قلق اجتماعي
Social repression	قمع اجتماعي
Social force	قوة اجتماعية
Social being	كائن اجتماعي
Social repression	كبح اجتماعي
Social organism	كيان اجتماعي
socioculture	كيان ثقافي اجتماعي
depression	كينونة اجتماعية
Social field	مجال اجتماعي
Social space	مجال اجتماعي
society	مجتمع
folk	مجتمع صغير متجانس

community	مجتمع محلي
gemeinschaft	مجتمع محلي
Community , multi – group	مجتمع مركب
Social risks	مخاطر اجتماعية
Social realism	مذهب الواقع الاجتماعي
probation	مراقبة اجتماعية
Social rank	مرتبة اجتماعية
Status , social	مركز اجتماعي
settlement	مركز اجتماعي
Distance , social	مسافة اجتماعية
Social issues	مسائل اجتماعية
Norm , social	مستوى اجتماعي
Social standard	مستوى اجتماعي
Survey , social	مسح اجتماعي
Social survey	مسح اجتماعي
Social responsibility	مسئولية اجتماعية
Social problems	مشكلات اجتماعية
Frame of reference	معيار اجتماعي
Norm , social	معيار اجتماعي
Bargaining , collective	مفاوضة جماعية
Discussions , group	مناقشة جماعية

methodology	مناهج البحث
Social field	منبر اجتماعي
morphology	مورفولوجيا
Social morphology	موروفولوجيا اجتماعية
Social agency	مؤسسة اجتماعية
Social foundation	مؤسسة اجتماعية
Social object	موضوع اجتماعي
Social situation	موقف اجتماعي
Social heritage	ميراث اجتماعي
gregariousness	ميل الى التجمع
sociologism	نزعة سوسيولوجية
Social system	نسق اجتماعي
Social activity	نشاط اجتماعي
Social genesis	نشوء اجتماعي
Social maturity	نضح اجتماعي
Action theort , social	نظرية الفعل الاجتماعي
Sociological theory	نظرية سوسيولوجية
institutions	نظم اجتماعية
Social institutions	نظم اجتماعية
Dysphoria , social	نفور اجتماعي
Social pattern	نمط اجتماعي

Social growth	نمو اجتماعي
Social type	نموذج اجتماعي
Social nucleus	نواة اجتماعية
Social engineering	هندسة اجتماعية
Social fact	واقعية اجتماعية
Social unity	وحدة اجتماعية
socius	وحدة اجتماعية
Sociological singularism	وحدة سوسيولوجية
Social heredity	وراثة اجتماعية
Harmonic mean	وسط توافقي
Social position	وضع اجتماعي
Social consciousness	وعي اجتماعي

الـمصادر والـمراجع

المراجع العربية:

١. أبو النجا محمد العمري, **تنظيم المجتمع والمشاركة الشعبية: منظمات وإستراتيجيات**، المكتبة الجامعية الاسكندرية، ٢٠٠٠.

٢. أبو عباه_ صالح بن عبد الله: **أساسيات ممارسة طريقة العمل مع الجماعات**،مكتبة العبيكان، الرياض٢٠٠٠.

٣. احمد رأفت عبدالجواد, **المشاركة الاجتماعية ودورها في تنمية المجتمع المحلي**، كلية الخدمة الاجتماعية، جامعة حلوان, القاهرة ١٩٩٩.

٤. احمد كمال احمد، **المدرسة والمجتمع**,(١٩٧٢) مكتبة الانجلو المصرية/ القاهرة

٥. احمد مصطفى خاطر, **التنمية الاجتماعية(الأطر النظرية ونموذج المشاركة)**، المكتب الجامعي الحديث, الإسكندرية, ١٩٩٥.

٦. احمد مصطفى خاطر، **طريقة تنظيم المجتمع (مدخل تنمية المجتمع المحلي, استراتيجيات وادوار المنظم الاجتماعي)**, المكتب الجامعي الحديث, الإسكندرية, ١٩٩٥.

٧. احمد مصطفى خاطر: **التنمية الاجتماعية: الأطر النظرية ونموذج المشاركة**، المعهد العالي للخدمة الاجتماعية، الإسكندرية، ١٩٩٥.

٨. أحمد مصطفى خاطر: **تنمية المجتمع المحلي,(الاتجاهات المعاصرة الاستراتيجيات نماذج ممارسة)**، المكتبة الجامعية, الإسكندرية, ٢٠٠٠.

٩. إقبال أمير السمالوطي, **التنمية الاجتماعية (أساسات واتجاهات حديثة)**، جامعة حلوان, القاهرة, ١٩٩٨.

١٠. إقبال محمد بشير **الخدمة الاجتماعية في المجال المدرسي**(١٩٨٣)، مكتبة الانجلو المصرية،القاهرة.

١١. باين_مالكوم:**نظرية الخدمة الاجتماعية المعاصرة**، المكتب العلمي للنشر، الإسكندرية ١٩٩٨.

١٢. بدوي - هناء حافظ: **إدارة و تنظيم المؤسسات الاجتماعية في الخدمة الاجتماعية**، المكتب الجامعي، الإسكندرية ٢٠٠٠.

١٣. برهم، نضال عبد اللطيف، **الخدمات الجتماعية**، مكتية المجتمع العربي للنشر-عمان ٢٠٠٥.

١٤. جمال شحاتة حبيب و آخرون: **الممارسة العامة للخدمة الاجتماعية في مجال رعاية الشباب و المجال المدرسي**،مركز نشر و توزيع الكتاب الجامعي، جامعة حلوان، القاهرة٢٠٠٣

١٥. الجميلي_خيري خليل: **المدخل في الممارسة المهنية في مجال الأسرة و الطفولة**، المكتب الجامعي، الأسكندرية ١٩٩٧.

١٦. حمدي محمد منصور،**الخدمة الاجتماعية المدرسية**, (١٩٩٣) مطبعة دار القلم، القاهرة.

١٧. رشاد عبداللطيف: **أساسيات طريقة تنظيم المجتمع في الخدمة الاجتماعية**، كلية الخدمة الاجتماعية، ٢٠٠١.

١٨. الرشيدي - ملاك أحمد: **نظريات و نماذج علمية في تنظيم المجتمع**، كلية الخدمة الاجتماعية، القاهرة ١٩٩٥.

١٩. رياض أمين حمزاوي: **الأسس النظرية للتنمية الاجتماعية**، كلية الخدمة الاجتماعية، جامعة حلوان، القاهرة، ١٩٩٥.

٢٠. زيدان _ علي حسين و آخرون: **الاتجاهات الحديثة في خدمة الفرد**، كلية الخدمة الاجتماعية، القاهرة ١٩٩٥.

٢١. سامية محمد فهمي: **مدخل في التنمية الاجتماعية**, المكتب الجامعي الحديث,الإسكندرية, ١٩٨٦.

٢٢. سعد مسفر القعيب. **الخدمة الاجتماعية والمدرسة**,(١٩٨٦), دار المريخ، الرياض.

٢٣. صالح _ عبد الحي محمود: **الخدمة الاجتماعية و مجالات الممارسة**،دار المعرفة، الأسكندرية٢٠٠٠.

٢٤. الصديقي _ سلوى عثمان: **الأسرة و السكان من منظور الخدمة الاجتماعية**، دار المعرفة، الإسكندرية ٢٠٠٠.

٢٥. عبد الباسط محمد حسن: **التنمية الاجتماعية**, مكتبة وهبة, القاهرة, الطبعة الخامسة, ١٩٨٨.

٢٦. عبد الباقي_هدى سليم: **خدمة الجماعة:أسلوب و تطبيق**،مؤسسة بحسون للنشر، بيروت ١٩٩٦.

٢٧. عبد الهادي والي:**التنمية الاجتماعية، مدخل لدراسة المفهومات الأساسية**، دار المعرفة الجامعية، الإسكندرية، ١٩٨٢.

٢٨. عدلي سليمان،**الخدمة الاجتماعية المدرسية**,(١٩٦٢) مكتبة القاهرة الحديثة, القاهرة.

٢٩. عطية _ عبد الحميد: **أساسيات ممارسة طريقة العمل مع الجماعات**، كلية الخدمة الاجتماعية، القاهرة ١٩٩١.

٣٠. غباري، محمد سلامة،**الخدمة الاجتماعية ورعاية الشباب في المجتمعات الاسلامية**،المكتب الجامعي الحديث ،الاسكندرية ١٩٨٣.

٣١. غرايبة، فيصل محمود،**الخدمة الاجتماعية في المجتمع العربي المعاصر**، دار وائل للنشر، عمان، ٢٠٠٤ .

٣٢. غرايبه _ فيصل محمود: **الخدمة الاجتماعية في المجتمع العربي المعاصر**،دار وائل للنشر، عمان ٢٠٠٤.

٣٣. فهمي_ محمد سيد:**مدخل إلى الخدمة الاجتماعية من منظور إسلامي**، المكتب الجامعي، الإسكندرية ٢٠٠٠.

٣٤. فيصل محمود غرايبه: **المدخل إلى الخدمة الاجتماعية من المنظور التنموي**، مكتبة الشرق، عمان، ١٩٩٤

٣٥. ماهر أبو المعا طي علي و آخرون: **الممارسة العامة في الخدمة الاجتماعية في المجال التعليمي و رعاية الشباب**، مركز نشر و توزيع الكتاب الجامعي، جامعة حلوان، القاهرة٢٠٠٢

٣٦. محمد رفعت قاسم ,**تنظيم المجتمع,أسس وأجهزة**, القاهرة, مطبعة المهندس, ٢٠٠٥ .

٣٧. محمد سلامة غباري ،(١٩٨٩) **الخدمة الاجتماعية المدرسية**, المكتب الجامعي الحديث،الإسكندرية،

٣٨. محمد عاطف غيث ومحمد علي محمد: **دراسات في التنمية والتخطيط الاجتماعي**، دار المعرفة الجامعية، الإسكندرية ١٩٩٠.

٣٩. محمد عبدالفتاح محمد, **الاتجاهات التنموية في ممارسة الخدمة الاجتماعية(أسس نظرية ونماذج تطبيقية)**,المكتب الجامعي الحديث,الإسكندرية, ٢٠٠٢.

٤٠. محمد عبدالفتاح محمد, **تنمية المجتمعات المحلية من منظور الخدمة الاجتماعية**, ٢٠٠٥.

٤١. محمد عبدالفتاح محمد,**الأسس النظرية للتنمية الاجتماعية في إطار الخدمة الاجتماعية**, ٢٠٠٥.

٤٢. محمود مصطفى كمال,علي عبدالرزاق, **المنظور التنموي في الخدمة الاجتماعية**,المكتب الجامعي الحديث,الإسكندرية, ١٩٩٩.

٤٣. مخلوف_ إقبال إبراهيم:**الخدمة الاجتماعية و رعاية الأسرة و الطفولة**،الإسكندرية ١٩٩٢.

٤٤. منى عويس,عبلة الأفندي, **التخطيط الاجتماعي والسياسة الاجتماعية(بين النظرية والتطبيق)**,دار الفكر العربي, ١٩٩٤.

٤٥. نصر خليل عمران و آخرون:**الخدمة الاجتماعية في مجال رعاية الشباب**،كلية الخدمة الاجتماعية،جامعة حلوان، القاهرة١٩٩٧

٤٦. هناء حافظ بدوي, **التنمية الاجتماعية (رؤية واقعية من منظور الخدمة الاجتماعية)**, دار المعرفة الجامعية, الإسكندرية, ٢٠٠٠.

٤٧. هناء حافظ بدوي,**التخطيط الاجتماعي والسياسة الاجتماعية في مهنة الخدمة الاجتماعية**, المكتب الجامعي الحديث, الازاريطةالإسكندرية, ٢٠٠٣.

المراجع الأجنبية:

1. Dominelli,lena,Social Work;**Professional Practice in a Changing Societt**.UK,Polity Press,2002.
2. Kay Hoffman &Alien Sallie, **Social Work Practice**, Bridges to Change, Boston, Allyn & Bacon,1994
3. Thompson, Neil .Building the Future: **Social Work with Children, Young People and their Families**. UK. Russell Hes Publ,2002
4. Tolson, Eleanor Reardon, William J Reid and Charles D. Garvin. Genereralist Practice; A Task-Centered Approach.USA,Columbia UP,2003
5. Truell,Rory and Leonie Nowland,eds,**Reflections on Current Practice in Social Work**, New Zealand,Dunmore Press,2002.

المراجع الإلكترونية:

1. www.aawsat.com/leader.asp?section=3&article=195398&issue=9072
2. www.alriyadh.com/2005/12/29/article119003.html
3. www.shbabmisr.com/print.asp?EgyxpID=10932
4. Qatar CSRشّبكة إلكترونيّة،صحيفة إلكترونيّة يوميّة
5. www.gsse.org\gssefieldcont.htm45k

كتب صدرت للمؤلف:

(أ) فكرية:

١- **أبعاد التنمية الاجتماعية العربية** :دار يافا العلمية للنشر، عمان ٢٠١٠

٢- **الشباب.. الواقع و المستقبل**(محكم)، سلسلة كتاب الرياض، مؤسسة اليمامة، الرياض، ٢٠١٠

٣- **الشباب و رؤى المستقبل:** (محكم) ،(بالمشاركة)، سلسلة كتب المستقبل العربي (٤٨)، مركز دراسات الوحدة العربية، بيروت٢٠٠٦

٤- **الثقافة العربية و تحديات العصر**(محكم)، أمانة عمان الكبرى،عمان، الأردن ٢٠٠٥

٥- **مسائل تهم الوطن:**مكتبة الشرق، عمان، الأردن ١٩٩٤

٦- **قراءات في المجتمع الأردني**(بالمشاركة)، مكتبة الشرق، عمان، الأردن ١٩٩٢

(ب) أكاديمية:

٧- **المدخل إلى الخدمة الاجتماعية من المنظور التنموي:**مكتبة الشرق، عمان ١٩٩١

٨- **الخدمة الاجتماعية في المجتمع العربي المعاصر:**دار وائل للنشر،عمان، الأردن ٢٠٠٤

٩- **الخدمة الاجتماعية الطبية:** دار وائل للنشر، عمان،الأردن ٢٠٠٨

١٠- **مهارات العمل الاجتماعي:**دار وائل للنشر،عمان، الأردن ٢٠٠٨

١١- **مجالات العمل الاجتماعي:**(بالمشاركة)،دار وائل للنشر،عمان،الأردن٢٠٠٨

١٢- **العمل الاجتماعي مع الأسرة و الطفولة:**دار وائل للنشر، عمان، الأردن(تحت الإعداد للنشر)

(ج) تعليم عن بعد:

١٣- **الخدمات المحلية للأسرة:** برنامج التنمية الاجتماعية و الأسرية،جامعة القدس المفتوحة، عمان الأردن ١٩٩٦

١٤- **طرق الخدمة الاجتماعية (٢):** برنامج التنمية الاجتماعية و الأسرية، جامعة القدس المفتوحة،عمان١٩٩٨

(د) تدريبية:

١٥- دليل العمل الاجتماعي: (تحرير): وزارة التنمية الاجتماعية عمان، الأردن،١٩٩٤

(هـ) كتيبات:

١٦- أربعون عاما من العمل الاجتماعي الأردني: وزارة الشباب_ عمان٤ ١٩٩

دراسات للمؤلف منشورة في مجلات علمية محكمة و تتصل بموضوع هذا الكتاب:

١. **السياسات التعليمية و دور التعليم الجامعي في تهيئة الإنسان لمواجهة مستجدات العصر**, مجلة العلوم التربوية و النفسية, كلية التربية ، جامعة البحرين, المجلد الثاني العدد الأول الصفحات (٥٠-٨٧), مارس ٢٠٠١.

٢. **متغيرات التنشئة الاجتماعية في المجتمع العربي للتكيف مع العولمة**, مجلة الإنسانيات، كلية الآداب، جامعة الإسكندرية- مصر المجلد الأول العدد السابع عشر، الصفحات(٣٢١- ٣٥٢), ٢٠٠٣.

٣. **الكشف عن العوامل الاجتماعية المؤدية إلى انحراف الأحداث و التدابير المتخذة نحوها في مراكز الأحداث المنحرفة في الأردن**, مجلة جامعة عدن للعلوم الاجتماعية و الإنسانية- اليمن, المجلد السادس العدد الحادي عشر الصفحات (١٠٥- ١٢٨), يناير – يونيو ٢٠٠٣.

٤. **دافعية التعلم لدى الطلبة و علاقتها ببعض العوامل الأسرية**, مجلة العلوم التربوية ، جامعة قطر- قطر, المجلد الأول العدد السابع الصفحات (١٧٧- ١٩٣), يناير ٢٠٠٥.

٥. **الخصائص الاجتماعية للأحداث الجانحين**, المجلة العربية للدراسات الأمنية والتدريب، جامعة نايف، الرياض- السعودية, المجلد الثاني والعشرون العدد الثالث والأربعون الصفحات (١٢٧-١٥٨), فبراير ٢٠٠٧.

6. Towards General Theory of Development and Modernization with Special Reference to History of Development and Modernization – Theories : a Critical and Analytical Study in Sociology, Journal of Social Studies, the University of Science & Technology in Yemen , vol. (7), issue (13) Jan. – June 2002 p.p9-30.

7. . **Collectivism and Individualism in Bahrain and United Arab Emirates**. Journal of Human Sciences, University of Bahrain- Bahrain, Issue No. 10, summer 2005, p.p 218-235.

8. , **Gender Differences in Progressive Matrices Standard and G.P.A. in a Gulf Country : Discussion by Participants**, Journal of Social Sciences and Humanities, University of Aden - Yemen, vol. 5, June – 2002 .p.p 5-18.

أبحاث للمؤلف قدمت في مؤتمرات علمية محكمة تتصل بموضوع الكتاب:

٩. **المسنون داخل منظومة العلاقات الأسرية في المجتمع العربي الخليجي**, مؤتمر قضايا المسنين بين متطلبات العصر و مسؤوليات المجتمع, تنظيم المكتب التنفيذي لمجلس وزراء العمل و الشؤون الاجتماعية لمجلس التعاون لدول الخليج العربية- الكويت, ١٣- ١٩٩٩/١٠/٢٧.

١٠. **رؤية تحديثية لأبعاد تعليم الخدمة الاجتماعية في دول الخليج العربية**, ندوة إشكالية المنهج و طرق التدريس في كليات العلوم الإنسانية و الاجتماعية بدول مجلس التعاون, تنظيم كلية الآداب - جامعة البحرين- البحرين, ٦-٨ نوفمبر ١٩٩٩.

١١. **اتجاهات الشباب نحو الإرهاب**, المؤتمر الدولي الثالث لكلية العلوم الاجتماعية، جامعة الكويت- الكويت, ديسمبر٢٠٠٦.

١٢. **دور الشباب في مجتمع المعرفة**, المؤتمر الدولي العالمي الأول, تنظيم كلية الآداب- جامعة السلطان قابوس – مسقط- سلطنة عمان, ديسمبر٢٠٠٧.

١٣. **صعوبات ما بعد التقاعد**، مؤتمر المسنين، جامعة عمان الأهلية، عمان ، مارس ٢٠٠٩

١٤. **المعوقات التي تواجه المرأة الأردنية في الوصول الى المناصب القيادية:** مؤتمر الثقافةالوطنية، الجامعة الأردنية، ابريل ٢٠٠٩

للاتصال بالمؤلف:

ص.ب:٦٨٧ أم السماق-عمان-الأردن

تلفاكس البيت ٠٠٩٦٢٦٥٥٢٢٥٥٥

موبايل ٠٠٩٦٢٧٧٦٢٤٦٠٠

٧ شارع محمد الصالح،خلدا، عمان، الأردن

dfaisal77@hotmail.com